ほったらかし投資はやめなさい

なかのアセットマネジメント株式会社
代表取締役社長
中野晴啓

宝島社

はじめに

「投資は難しそう」「失敗が怖い」

そう感じている方は少なくないでしょう。2024年1月から新NISAがスタートし、非課税で資産運用のできる枠が大幅に拡大されました。しかし、せっかくの機会があっても、どの投資信託を選べばよいのか、迷っている方も多いのではないでしょうか？

本書を通して、皆さんのそのような悩み、不安にお応えしたいと思います。

私は長年、日本の個人投資家の皆さまに「長期・積立・分散」という投資の王道を提唱してきました。短期的な売買で利益を得るのではなく、可能性のある企業への投資を通して社会の豊かさに貢献しつつ、個人投資家の資産形成にも寄与し、安心した豊かな暮らしを実現する手助けをしたいと考えてきたからです。そこでこの投資スタイルを広めるために、私は全国各地で講演を重ね、その活動から「つみたて王子」というニックネームもいただきました。

しかし、丸16年代表を務めたセゾン投信を2023年に退社し、私は新たな投資信託会社を立ち上げることを決意しました。なぜ、新会社を設立する必要があったのか？　それは、日本の投資信託業界に、本当の意味で個人投資家の利益を第一に考える商品が少ないと感じたからです。

特に近年、投資信託といえば、全世界株式（オールカントリー）やS&P500に連動するインデックスファンドへの投資が主流となっています。SNSなどでも「オルカンを買っておけば安心」「S&P500だけ持っていれば大丈夫」といった情報が飛び交い、多くの人がそれを鵜呑みにして投資を始めています。

確かにインデックスファンドは、市場平均の値動きに連動するため、初心者にもわかりやすい商品です。ところが、「ほったらかしておけば資産が増える」という安易な考え方は、大きな危険をはらんでいます。これまでの米国株式市場の上昇は、異常な金融緩和政策に支えられた特殊な環境下で起きた現象でした。そして今、私たちは大きな転換点を迎えているからです。

インフレの時代に入り、世界の金融政策は引き締めに向かっています。企業間の優勝劣敗も鮮明になってきました。このような環境下で、単純に市場平均に連動するインデックスファンドだけでは、さらに魅力的な運用成果を逸失することになるパラダイム転換が始まったのです。

一方、アクティブ運用の投資信託の中には、プロフェッショナルが企業の価値を深く分析し、成長が期待できる銘柄を厳選して投資をする本格派も存在します。インフレに強い企業、持続的な成長が見込める企業を見極め、変化する時代に対応しながら必要に応じて保有銘柄を入れ替える、積極的な（アクティブな）投資をプロ任せで実現することができるのです。私は、日本にもこうした本格的なアクティブ運用の投資信託を根付かせたいと考えています。それは、単なるインデックスファンドのコピーではなく、企業の本質的な価値に着目し、長期的な成長を見据えた投資を実現する商品です。その思いから、独立系の投資信託会社「なかのアセットマネジメント」を設立しました。


本書では、これから投資を始めようと考えている方に向けて、投資信託の選び方から、長期投資の本質、新ＮＩＳＡの活用法まで、幅広く解説しています。また、なぜ「ほったらかし」のインデックス投資だけでは万能とはいえないのか、どのようにアクティブ運用を活用すべきなのかについても、具体的に説明しています。

月々の積立投資で着実に資産を増やしていきたい方、インデックスファンド以外の選択肢を探している方、さらには投資を通じて国内産業を復活させ、日本企業の成長を応援したいと考えている方にとって、必ずや参考になる内容を盛り込みました。

そもそもの話として、「投資は怖い」という思いから「貯金は貯金のまま持っておくのが一番安心」と考えている方のために、銀行で預金をほったらかしにしていることのリスクについても、お伝えしています。

投資信託選びは、時代の転換に合わせて変化させていく必要があります。今ある常識が、必ずしも次の時代に通用するとは限りません。しかし、それはけっして難しいことではありません。新NISAという追い風も吹いています。この機会に、正しい投資の始め方を知っていただければと思います。

大切なのは、「考えて投資する」という姿勢です。誰かのアドバイスを鵜呑みにしたり、人気の商品に流されたりするのではなく、自分の頭で理解して投資信託を選ぶこと。本書が、あなたの資産形成の道しるべとなることを願っています。

2025年2月　　中野晴啓

目次

ほったらかし投資はやめなさい

第3章 国も会社も守るどころか根こそぎ抜いていく

第4章

七転び八起き 私はこうして投信業界に身をうずめた

第6章 本当に儲けている人の投資法 …… 173

主な登場人物

藤森なるみ

会社員。最近ようやく貯金額が100万円に到達し、少々浮かれ気味。

中野晴啓

長期投資による資産形成の伝道師。「長期・積立・分散」を信条とする。人呼んで「つみたて王子」。

※このマンガはフィクションです。登場する人物、団体などはすべて架空のものです。

※本書は、特定の銘柄や金融商品の購入を推奨したり、その確実性を保証するものではありません。個々の企業のサービスや詳細については、各社窓口にお問い合わせください。

※投資には、一定のリスクが伴います。売買によって生じた利益・損失について、著者、制作スタッフ、出版社は一切責任を負いません。投資の選択は、必ず自己責任において実行してください。

第1章

賢い人は銀行預金をやめている

まんが Episode 1

預金は百害あって一利なし!?

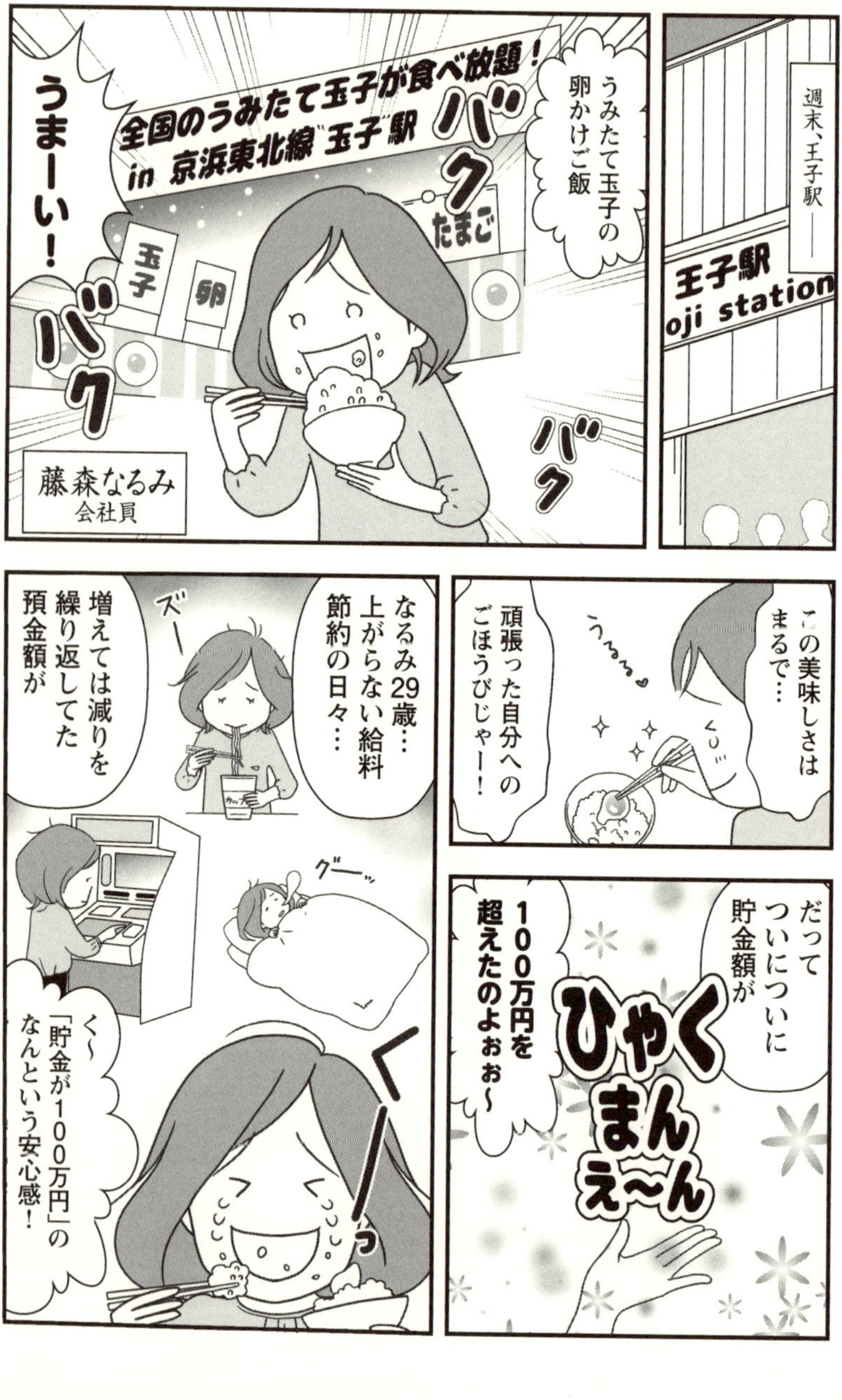
週末、王子駅――
王子駅
oji station
うみたて玉子の卵かけご飯
全国のうみたて玉子が食べ放題!
in 京浜東北線"玉子"駅
バク
たまご
玉子
卵
うまーい!
バク
バク
バク
バク
藤森なるみ
会社員
この美味しさはまるで…
頑張った自分へのごほうびじゃー!
うるるる
なるみ29歳…
上がらない給料
節約の日々…
ズー
増えては減りを繰り返してた預金額が
グー…ッ
だってついについに貯金額が
100万円を超えたのよぉお～
ひゃくまんえ～ん
く～
「貯金が100万円」のなんという安心感!
くーーっ

ああっ 勝利の味って こんなかしら
ごちそうさま♡
思えば久しく こんな美味しい TKG（卵かけご飯） なんて食べたことないっ
ん？ あっちで 面白い話が あるみたい
子が語る
生産者のお話か… これは聞きに行かねば この感謝を 伝えなくちゃ！
講演が終わって 懇談の時間のようね
あの人か！
最高でした！
TKG
おいしかったです♥
ありがとう ございます！
おお！
長期投資の魅力を わかっていただけ ましたか！
くるっ
長期…投資…… ……？
うみたて玉子を 生産した人じゃないの？

つみたて王子が語る
長期投資の魅力
はい、私
長期積立の資産運用の
重要性と魅力を
全国行脚してお話しして
回っています
人呼んで
「つみたて王子」
もう還暦越えてますケド
中野晴啓
長期投資の伝道者
つみたて…王子
うみたて玉子と
無関係…
ですか…
ホカホカ
我ながら
ヒドすぎる
大ボケ…
恥ずかし～
すごすご
し、失礼しました～
ところで
あなた
資産
ご自身の資産は
どのように運用を？
ぴくっ

はい
銀行口座に
しっかりと
預金しています
まぁ
100万円
ほどですが
エヘッ
どん
ウフッ♡
貯金100万円の
安心感からか
しゃべっちゃった…
えぇ～っ！
100万円も銀行に
預金してるんですか？
びくっ
Oh my god…。
も、もちろん投資は
考えたいですけどね
時代が時代だし
でもそれはもう少し
お金に余裕ができてから…
預金なんて当座の
生活費だけで十分です
私の口座には
10万円しか
入ってません
10万円
BANK
ちっちっちっ
口座に
10万円だけ？
まじで！

ずっとそうして暮らしてますが何の不便もありません
他のお金はどこへ……
ずばり！
つみたて投資
つみたて投資です！
銀行の金利は定期預金（10年）で0・4％程度ですよ？
0.4%程…
100万円預けて1年でプラス4000円 10年預けたとしても104万円ちょっとにしかなりません
計算式）
100万円×1.004×1.004×…=104.073万円
（10年分）
…はあ
貯金が増えるペースよりも物価が上昇する速度のほうが速い
BANK
貯金
物価
物価が上がっていったら意味ないんです
100万円が104万円になる頃には100万円の車が120万円になっている
……たしかに
120万円←100万円

投資信託なら
36%
7年間で36%の資産アップといった実例もあるのに
えっ！それってつまり
136万円
100万円
100万円がほっといても7年後に136万円になってるっていうこと……？
堅実な成長が期待できる企業に長期に投資している投資信託で運用すればね
はい！
？？？
？
？
そこはおいおい説明するとして……
¥10000
¥10000
とにかくお金を銀行に預けっぱなしというのは「リスクをとらないリスクがある」のです
そこまで言う？銀行ですよ？
はい金利が低くてうまみが少ないだけじゃない
銀行にたくさんお金を預けることはもはや日本経済にとっても害悪ともいえるのです
説明しましょう！
ええ～…どういうことだろ
私の100万円ももしかして…

「預金は安全」は本当か？

◆インフレ時代の預金は「損失確定資産」

２０１４年７月に私が著書『預金バカ』（講談社）を上梓した頃、日本人の金融資産は極端なレベルまで現金・預金に偏重しており、株や投資信託などへの投資はまったく一般的ではありませんでした。まさに預金が大全盛の時代だっただけに、アグレッシブなタイトルが大きな反響を巻き起こし、おかげさまで何度も増刷するヒットを遂げました。

それから10年以上が経過した今もなお、依然として個人の金融資産で現金・預金が占める割合が最も高いものの、２０２０年頃から株式や投資信託などへの投資もジワジワと増えてきています。本書を執筆している時点でまだ２０２４年の情勢は明らかになっていませんが、その年初から非課税枠などが拡充された新ＮＩＳＡ（少額投資非課税制度）がスタートしたことが追い風となって、さらに拡大しているはずです。

ただ、繰り返しになりますが、相変わらず預金一辺倒になっている人が圧倒的に多いの

家計の金融資産内訳の推移

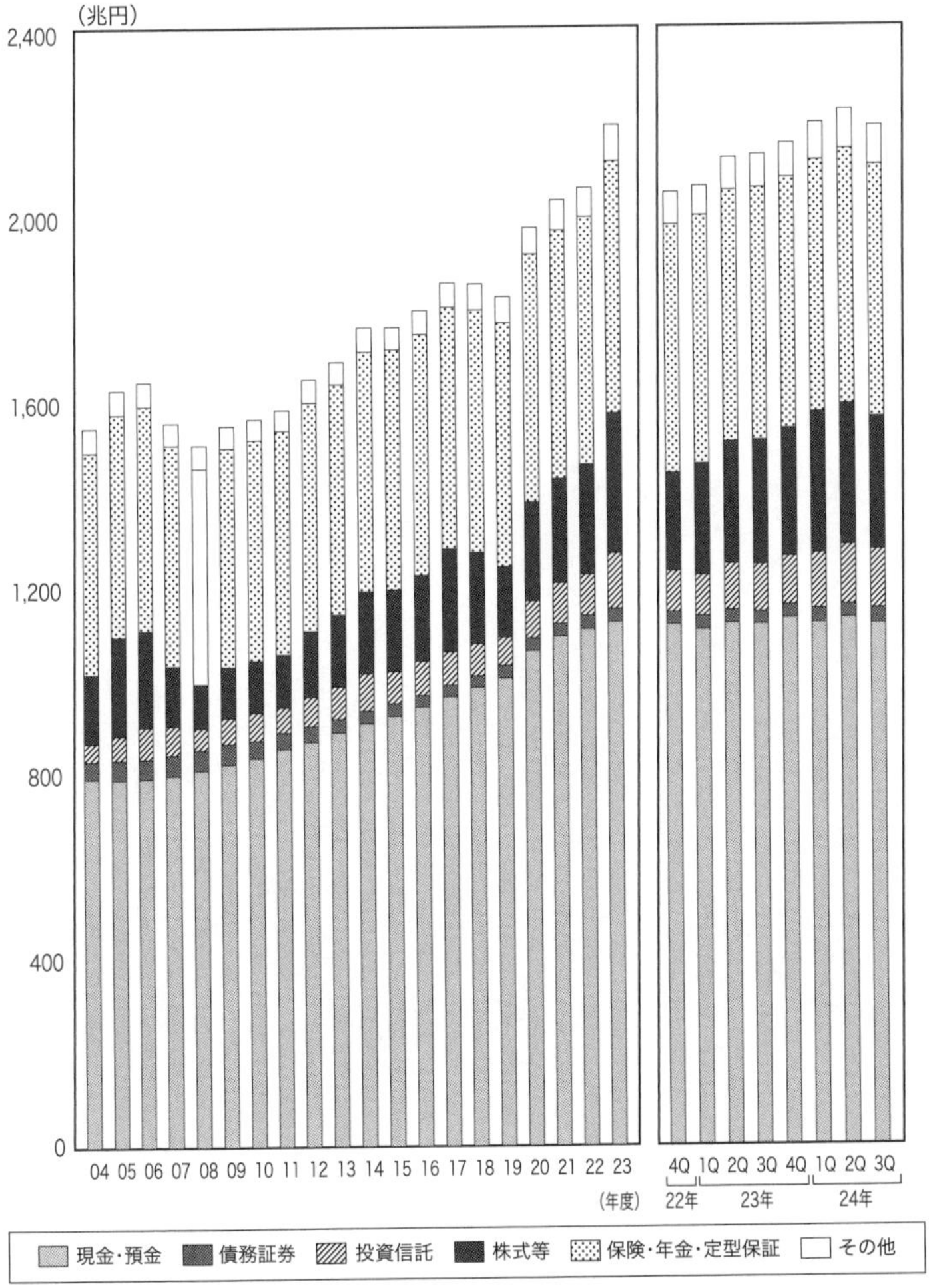

出典：日本銀行調査統計局「2024 年第３四半期の資金循環（速報）」

が現実です（前ページ図参照）。元金と利息の支払いが約束されているので、「預金＝安全資産」と思われていることがその背景にあるでしょう。万一、お金を預けている銀行が経営破綻に陥っても、ペイオフ制度によって預金保険機構が1名義人当たり1000万円までの元金とその利息の支払いを保証してくれます。

しかしながら、本当に預金は安全資産なのでしょうか？　確かに『預金バカ』を執筆した頃の日本はまだデフレから抜け出せず、銀行預金にお金を預けることにはそれなりの合理性があったといえます。なぜなら、物価(モノやサービスの価格)が下落し続け、代わって現金の価値は高まっていたからです。

これに対し、コロナ禍を抜け出した頃から世界的に顕著になってきたのがデフレとは真逆の現象であるインフレです。周知の通り、反対に物価（モノやサービスの価格）が上昇し続け、現金の価値は低下の一途を辿ってきました。

デフレ時代の銀行預金は、金庫代わりに安心して預けられ、現金同然なので価値も減らないという意味において「安全資産」だったかもしれません。ところが、現金の価値が低下していくインフレ時代には、現況の日銀金融政策を前提するなら「損失確定資産」となってしまうのです。

◆過去のインフレ時代と違って金利を上げられない日本

しかも、過去のインフレ時代には預金金利もそれなりに高くなっていましたが、今の日本はようやくゼロ金利政策が解除されたとはいえ、相変わらず極めて低水準にとどまっています（次ページ図参照）。高めの金利を提示している銀行であってもゼロコンマ以下の金利にすぎず、消費者物価の上昇率に打ち勝つことは不可能です。

その点、米国の中央銀行に相当するＦＲＢ（連邦準備制度理事会）はインフレを沈静化させる措置として、２０２２年２月まで０・２５％に据え置いてきた政策金利の引き上げを実施しました。そして、以後も追加利上げを続け、２０２３年７月には５・５％にまで達しています。

同じ預金でも米国のものであれば、適用される金利の高さでインフレによる目減りはかなり食い止められたということです。日常生活ではあまり意識されていませんが、米国のように経済構造上の健全性がしっかりと機能していることは極めて大事なことだといえます。逆に今の日本における経済構造は非常に不健全で、日本銀行が積極的に利上げを進められない状況に陥っています。

預金金利の推移

● **預金金利の推移**(定期預金・1年)

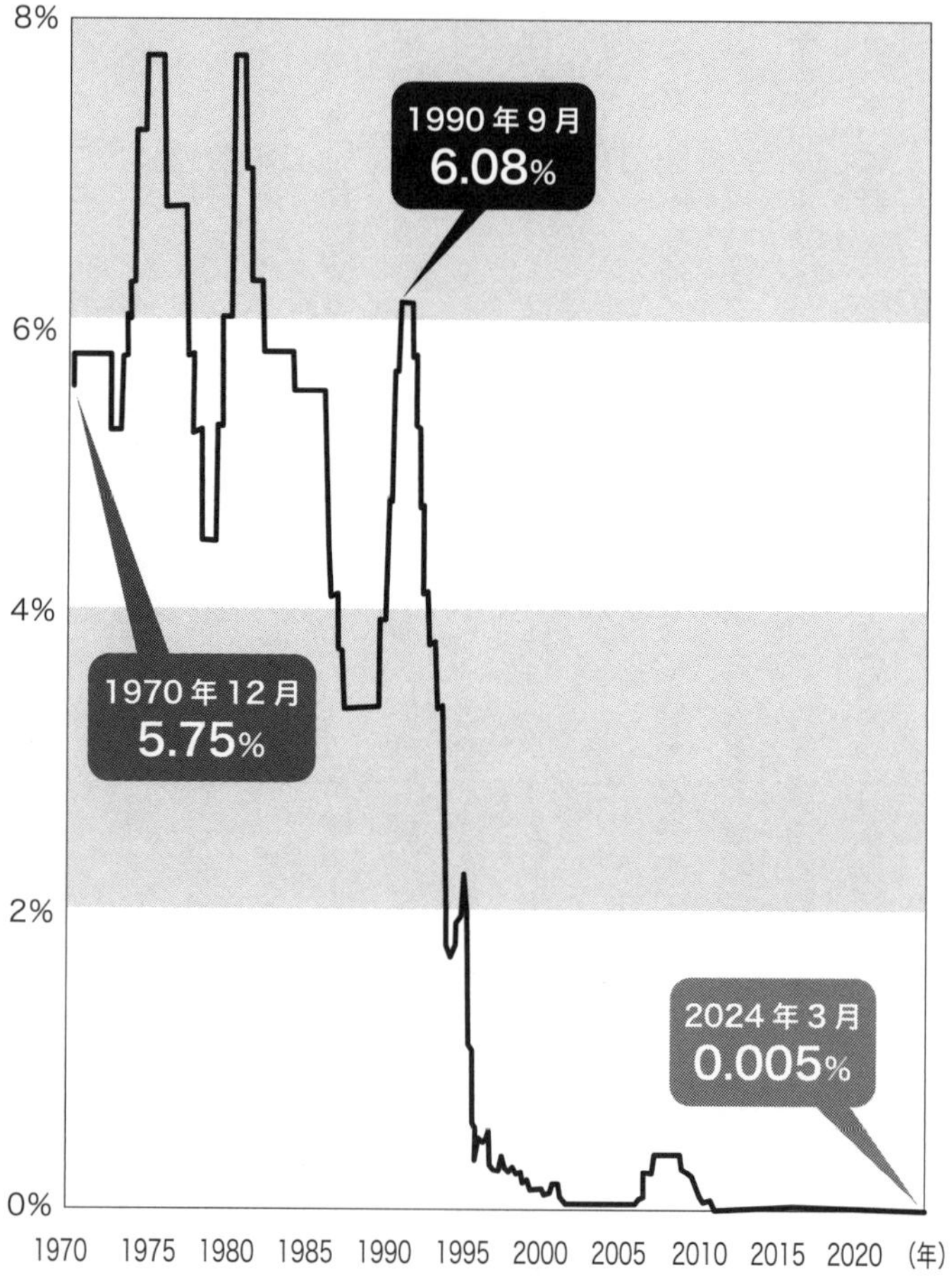

出典:日銀発表データより作成

アベノミクスが起こした「悪いインフレ」

◆アベノミクスが実施した「異次元の金融緩和」は大失敗だった

物価上昇率の推移を踏まえれば、本来なら現在の預金金利は1％以上に達しているのが妥当な水準です。にもかかわらず、その域まで利上げを実施できないのはなぜか？　簡単に言えば、長期間にわたってデフレに侵され、その泥沼から抜け出すために金利が実質ゼロの金融政策を30年間も続けてきたことが大きなツケとなっているのです。

2012年末に第2次安倍政権が発足してアベノミクスと呼ばれる政策が打ち出され、その一環で黒田東彦総裁（当時）率いる日本銀行が強烈な金融緩和を推進しました。異次元の金融緩和によってお金をばらまけば、日本の産業界が強くなって経済も回復するという筋書きだったわけです。しかし10年以上の歳月を費やしてその政策を続けたものの、現実にはシナリオ通りの成果が得られませんでした。それは当然で、モノやサービスを提供する力が強くなって競争力が高まらなければ、産業界の復活はありえません。ゼロ金利政策というぬるま湯に浸かりきったことで、むしろ産業界全体の力が弱まっています。

そのことが災いし、インフレが進んで金融引き締め（利上げ）を進めるべき局面であっても、なかなか実行できない状況に陥っているのです。たとえば、コロナ禍で中小企業を救済するために大盤振る舞いの融資が実施されました。利息の支払い能力が極めて低く、世間ではゾンビ企業と揶揄されてきたところにも多額の融資を行っているのが現実です。

◆下手に利上げを強行すると、住宅ローン破綻者も続出!?

エネルギーや生活必需品だけにとどまらず、不動産価格の上昇も顕著になっており、もはや東京都内の新築マンションは特に富裕層向けではなくても億超えが当たり前になっています。いわゆる資産インフレも進行しているわけです。日本銀行が量的金融緩和を続けたことで発生したカネ余り（過剰流動性）によって、株式市場とともに不動産市場への資金流入も過熱したことがその背景にあります。

その高騰した不動産を購入するためには、住宅ローンによる借り入れも、それだけ巨額になってしまいます。米国の場合、大半の人々は固定金利型の住宅ローンを組んでいますが、逆に日本ではゼロ金利政策が続いたこともあって、変動金利型を選択しているケースのほうが主流となっています。もしも日本銀行が急ピッチで利上げを進めていったとしたら、月々の返済が一気に増えて、困窮してしまう人々が続出する恐れがあります。

つまり、今の日本ではむやみに金利を引き上げると、大変な痛みを伴う可能性が高いということです。こうした情勢を踏まえれば、おそらく日本ではこれからも超低金利が続く公算が大きいといえそうです。

◆日本で進む「悪いインフレ」で「可処分所得」は減少

アベノミクスの一環で実施された異次元の金融緩和は、緩やかな物価上昇を誘発させることでデフレからの脱却を図るというのがその狙いでした。ところが、日本でも深刻化しているインフレ現象は、この金融緩和がもたらしたものではありません。

コロナ禍を脱して世界的に経済活動が本格的に再開され、それに伴ってエネルギー・資源の需要が急拡大し、供給がまったく追いつかないという事態が発生したことが主因とされています。これがいわゆる「需給の逼迫《ひっぱく》」で、エネルギー・資源をはじめとする様々な品々の価格が高騰し、コストの急拡大が製品・サービスの価格上昇も助長しました。エネルギー・資源の多くを輸入に依存する日本は、こうした外的要因の影響を大きく受けます。

海外の多くの国々では、経済活動が活発化して景気が回復し、それが需要のさらなる拡大をもたらして物価の上昇を誘うというディマンドプル型（需要増が牽引するタイプ）のインフレが進行しています。

景気も良くなっているので雇用も増え、給与も増えるという好循環が発生してきたということです。対する日本国内におけるインフレはコストプッシュ型（コスト増によって押し上げられるタイプ）の色彩が濃くなっています。けっして景気が良い状況ではないことから、コストプッシュ型は「悪いインフレ」とも呼ばれています。

ようやく日本でも大企業を中心に賃上げが進んできたとはいえ、物価の上昇には追いついていないのが現実です。現に、2024年11月初旬に総務省が発表した同年9月の家計調査によると、2人以上の勤労者世帯の手取り収入にあたる「可処分所得」は前年同月比で5カ月ぶりに減少していました。物価変動の影響を除いた「実質可処分所得」について

ディマンドプル型とコストプッシュ型

● ディマンドプル型（=需要が価格を引き上げるインフレ）

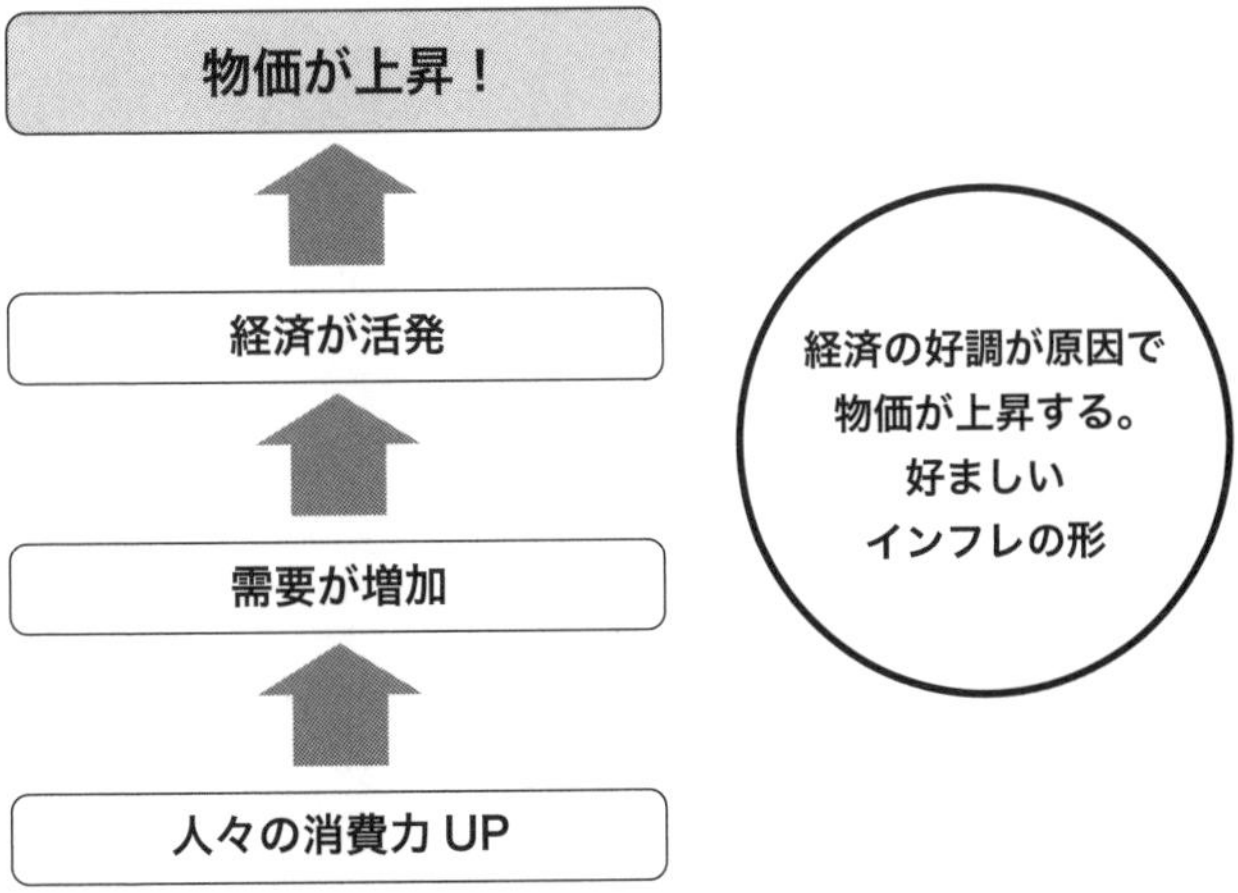

● コストプッシュ型（=コストが物価を押し上げるインフレ）

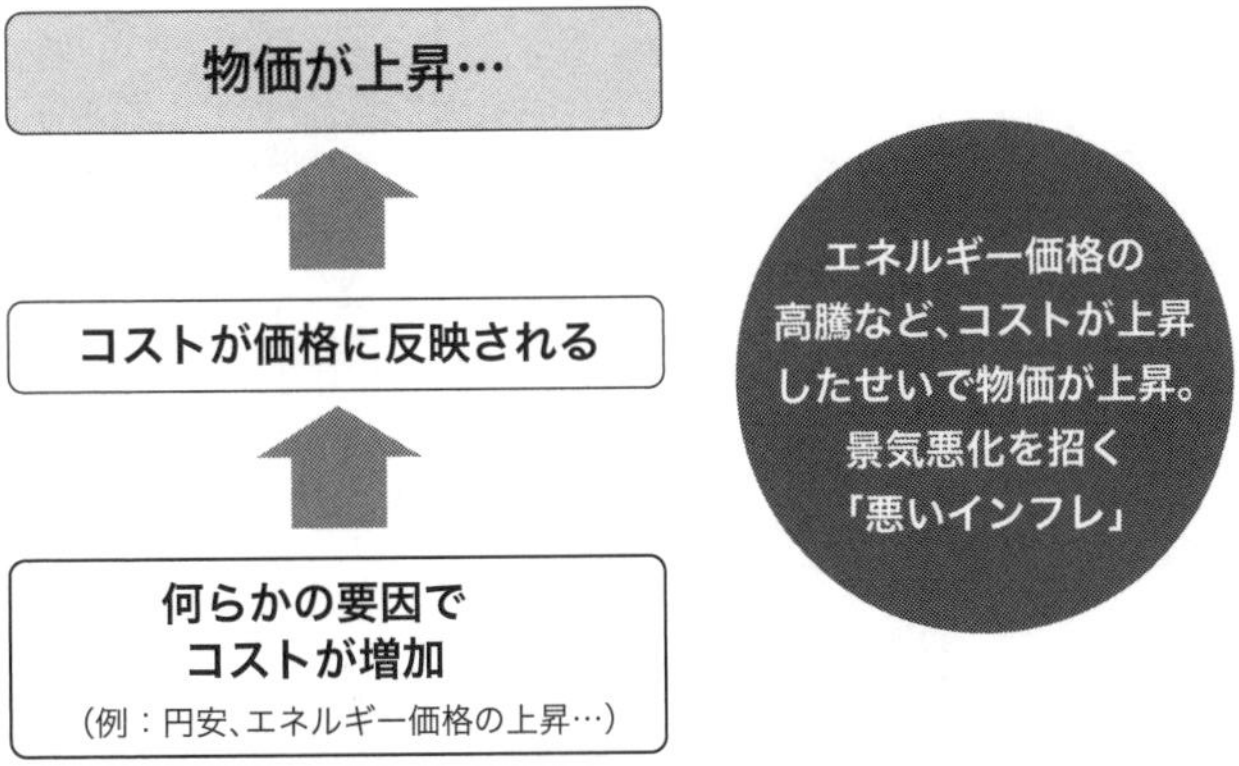

も、同じく5カ月ぶりの減少を記録しています。

◆世界的なエネルギー不足とトランプ再登場

一方で、今後も世界的にエネルギー不足が続くのは必至の情勢で、しばらくインフレの時代が続く可能性が高まっています。大量の電力を必要とする生成ＡＩやデータセンターのニーズ拡大を念頭に置けば、エネルギーの需要は恒常的に増えていくと考えるのが自然だからです。昔の時代なら、化石燃料をとことん掘りまくることで供給量をバランスさせる手も打てたでしょうが、今はＥＳＧ（環境・社会・企業統治）経営やＳＤＧｓ（国連が掲げる持続可能な開発目標）が足かせとなっています。

就任早々、トランプ大統領がパリ協定からの脱退を表明したとはいえ、グローバルな規模で化石燃料の大増産が繰り広げられるとは思えません。少なくとも、需要に見合う規模まで再生可能エネルギーが普及するまでの数十年間は、恒常的なエネルギー不足が続くというのが世界的な社会構造となるでしょう。

世界的なインフレが進んだ一因として、２０２２年2月にロシアのプーチン大統領がウクライナ侵攻を強行したのを発端に、世界経済においてパラダイムシフト（大変革）が発生したことも挙げられます。中国の習近平国家主席もロシア寄りのスタンスを示し、他の一部の新興国も同調したことからブロック経済化が進んでいます。

アメリカ・ファースト（米国第一主義）を掲げるトランプ政権の再誕生によって、対立の構造がより鮮明化するのは間違いないでしょう。就任前から宣言していたトランプ関税が実施されれば、輸入物価の上昇に伴って米国内でインフレが再燃するのは必至です。他国も対抗して関税を引き上げれば、世界的にもインフレがさらに進む可能性が考えられます。

1991年に旧ソビエト連邦が崩壊してから今日まで、ずっと続いてきたのはグローバリゼーションという流れです。世界が一体化してサプライチェーン（供給網）が構築され、マネー、ヒト、モノ、情報が国境を越えて行き交って、最も効率的でより安いコストの製品・サービスを提供できる環境が整えられてきました。

しかし、第二次世界大戦前のようなブロック経済化への逆行で、グローバリゼーションは終焉を迎えようとしています。繰り返しになりますが、それは世界をインフレへと導いていく変化です。

「銀行預金では資産を守れない」今から投資を始めよう

◆投資信託なら、インフレよりも速く資産を増やす運用が可能！

では、今後も物価の上昇が続きそうなのに、米国とは違って正常な金融政策（積極的な利上げ）も進めづらいという日本で、インフレに負けない資産運用を行うことは可能なのか？　答えはイエス。現に多くの方々が、すでにＮＩＳＡを通じて実践しています。

そう、それは株式や投資信託などへの投資です。投資対象によってリスクとリターンのバランスは異なっていますが、たとえば株式市場で見込まれる収益率（期待リターン）は通常、実体経済のインフレ（物価上昇）率を上回る傾向があります。つまり、インフレが進んでも資産価値が目減りしないで済む可能性が高いということです。

もちろん、インフレに負けないリターンを期待できる裏側には、相応のリスクを負うという現実も存在しています。リスクを恐れて投資に二の足を踏んでいる人は多いでしょう。

株式をはじめとする金融市場は短期的に様々な要因に振り回されて想定外の変動を示すことも多く、それに伴って損失が発生することを恐れるのは無理もないことでしょう。しかしながら、長期的なスパンで捉えると、株価は経済成長にリンクして推移するという傾向がうかがえます。たとえば世界経済が今後も成長を遂げていくなら、グローバルな株式市場の全体的な値動きを示す株価指数も右肩上がりで推移する可能性が高いのです。

勇気を出して資金を投じた途端、期待を裏切られて下がり始めることを心配する人も少なくないでしょう。確かに、タイミング次第では相場の天井で買ってしまい、間もなく下落に転じて、すぐに損失が発生する可能性も考えられます。もっとも、逆にいえば、タイミングを見計らおうとするから、その判断を誤るケースが出てくるのです。

◆「長期・積立・分散」の投資スタイルでリスクを抑える

そこで、私が前職時代から提唱してきたのが「長期・積立・分散」の投資スタイルです。

まず、〝長期〟を大前提とする資産運用によって、投資対象企業や経済全体の成長に見合ったリターンを期待します。

次に〝積立〟、つまり時間（投資タイミング）の分散によるリスクの軽減です。一度に全資金を投入するとタイミングを間違う恐れがありますが、毎月同額の資金を積み立て方式で投じていくと、相場が高い局面では投資信託の買付口数が少なくなり、逆に相場が安い局面では多くなります。長期的に投資対象が成長を遂げて相場も右肩上がりを示せば、やがて大きな成果をもたらす可能性が高まります。

そして、投資先の〝分散〟です。たとえば、高い成長を見込めるA社を探し出したとしても、1社だけに的を絞って投資すると、期待を裏切られて飛躍を遂げられず、むしろ株価が下がって損失を被るような展開も待ち受けています。複数の対象に投資先を分散するのは資産運用の基本で、より幅広く実践して市場の平均的な推移を着実に享受しているのがインデックスファンド（指数連動型の投資信託）です。

「長期・積立・分散」の原則を忠実に守りながら、NISAの非課税投資枠をフル活用するのが、最もインフレに負けない資産運用だといえるでしょう。相場のいかなる変動にも、常にマイペースで資金を投入し続けることで買い値が平準化されて、短期的なマーケット変動による動揺が軽減され、長期的にはその行為が報われる可能性が高いのです。

第2章

銀行と付き合うのをやめよ

まんが Episode 2

銀行は助けてくれない

ええ…！
お金は銀行に預けるのが一番安心で確実だと思っていたのに…
日本の金融資産は2023年3月時点で2056兆円になりますが
現金預金
そのうち54・1%が現預金といわれています
54.1%
つまりお金の半分以上を銀行に預けているということでしょ？

あとはタンス預金？

みんなそうしているんならそれが一番安心で確実ってことなんじゃないですか？

それが誤解なんです！

それどころかお金を銀行に置きっぱなしにしているのは「失われた30年」に加担しているのに等しいのです！

ええ～そこまで言う？

そもそも銀行のビジネスモデルってなんだと理解されていますか？

えっと…お金を貸して利息をとる？

その通りです事業内容には利益成長の見込みがあるが事業を運営する運転資金が足りない
そんな会社や経営者に融資をするのが銀行の仕事です
融資

預かった預金を融資して利息を取り、その一部を預金者に預金利息で還元するという仕組みですね
そのために銀行に本来求められるのは「事業性を正しく見る目!」
微妙なたまご
いいたまご
つまり社会性も踏まえて収益力が見込めるビジネスならば融資をするそうでなければ…
「ここを改善すれば融資できます」と事業を助ける助言をして融資につなげることも銀行のミッションなのです
ほう
ホントに見込みがなければ「難しいですね」になってしまいますが
要は日本の産業が元気になる手助けをしているわけですよね
それが日本の産業界に対し
事業活動に必要な資金を供給する役割を銀行は十分果たせなくなって久しいのです
えっ!
これは知人の話ですが…
○○銀行
こういう事業を始めたいので取引口座を作って融資を受けたいのですが…
過去5期分の決算書類を提出ください
は?私はこれから起業を考えているのですが…

――つまり事業の実績はゼロ、と
うわあああ
――ということで彼はメガバンクからお金を借りることはできませんでした
マジか
ええっ？「事業の実績がないから貸せない」では起業したい人は銀行に頼れないってこと？
スタートアップ企業は資金調達の方法が限られています
だからこそ銀行が力を貸すべきなのですが
過去の業績と物的担保でしか判断していない…
いつの間に銀行はそんな風に…
NO!
リスク
とはいえ預金を寝かせておくわけにはいきません
ぐー
そこで銀行が預金を投資した先がたとえば「サブプライム商品」でした
リーマン・ショックの原因になった非常にリスクの高い投資商品です
そこにたくさん投資していたせいで巨額の損失を出したメガバンクもあったのです…
日本の企業に投資をしないで高リスクでアメリカに投資を…
って、リスク感覚ガバガバじゃないですか～
えーっ
貸し倒れリスクのある融資に消極的な姿勢を示したことで生じた資産余剰を銀行は国債を大量に買って補ってきましたが、これも問題でした
どうして？
簡単にいえば国債は国の財政赤字を補填するために発行される債券ですからね
?

これをせっせと買っていたということは……
国の赤字を預金者のお金で穴埋めしていたってわけか！
赤字
地方銀行
そういうことです！
なお、金融政策の一環で日銀が巷に出回っていた国債を買い集めた結果、銀行の保有割合は現状、非常に低下していますが……
国債
じゃあ問題は解決したってこと？
銀行に代わって日銀が国債を大量に保有しているわけで、これも非常に危険をはらんでいますその話は次章で触れましょう
――どうです？こんな銀行にお金を預けることに信頼を感じますか？
安心を覚えますか？
むむむ
……ならば預金なんかやめて投資したほうがってことか…
でも…株は銘柄選びが難しそうだし
プロに運用をお願いできる投資信託が安心かな？
あ、銀行でも預金を投資信託に回せるようになってますね
株
株
投資信託
お金をこっちに移せば…
ええっ
ダメです！
¥
わっ！なんで!?

〝思考停止〟の銀行は社会的使命すら放棄している

◆もはや「金庫代わり」としても銀行を信用できない時代に

利息がほとんどつかない時代が何十年も続いたことから、最初から増やすことはまったく期待せず、割り切って金庫代わりに銀行預金を活用しているという人も少なくないでしょう。銀行がしっかりと管理してくれるうえ、必要になればすぐに引き出せるという流動性（換金性）の高さは、確かに銀行預金の魅力であるといえますし、タンス預金と比べれば安心できるのは間違いありません。

もっとも、2024年の暮れに発覚した事件を機に、金庫としての銀行の役割に関しても、その信頼が揺らぐようになりました。メガバンク最大手である三菱UFJ銀行で支店長代理を務めていた女性行員が貸金庫から顧客の資産（約14億円相当の金塊や現金）を窃盗していたのです。

先述したペイオフ制度があるとはいえ、1990年代末に大手行が次々と破綻した時点で、すでに「銀行に預けておけば安心」との神話は崩壊していました。さらに今は、「銀行=最も信頼できる金融機関」という認識にも大きなギャップが生じています。

第1章の冒頭でも触れたように、日本の個人金融資産の過半を占めているのが「現金・預金」です。昔から日本人は銀行のことが大好きで、倹約を心掛けて貯蓄に励み、コツコツと銀行の預金にプールしていくことを尊んできました。そして、国民一人ひとりのこうした行動が終戦後の日本再生を支える〝原資〟になったことも確かです。

一人ひとりが預けたお金は、融資を通じて企業の事業資金に充てられました。そして、個々の企業の成長が経済を牽引し、日本は奇跡の復興を遂げることに成功しました。言い換えれば、それは銀行が「間接金融」という本来の役割を全うしていたからです。

銀行が担っている「間接金融」とは、預金者から集めたお金を融資を通じて、それを必要としている人に提供することです。銀行には経済活動における血流（お金の流れ）を促進し、その成長を支えるという重要な使命が与えられています。

もちろん、あくまでビジネスですから、銀行は預金者に提示した金利よりも高い利息を融資先から徴収し、利ザヤ（金利差）を収益とします。また、融資先の返済が滞って元金や利息を回収することが困難になった場合は、銀行がその損失（貸し倒れリスク）を負い、原則として預金者のお金は守られます。

1990年代初頭にバブル経済が崩壊し、多額の不良債権（回収不能・回収困難な融資案件）を抱えてその処理に苦しんだこともあってか、銀行は貸し倒れリスクを恐れて「間接金融」の使命に消極的な姿勢を示すようになりました。

◆預金で集めた資金の3割弱が貸し出しに回っていない

そのことを象徴するようなエピソードがあります。以前、起業した私の知人がメガバンクを訪ね歩いた際の話です。法人としての取引口座の開設と若干の融資の申し入れがその目的でした。

結論から先にいえば、残念ながら彼はいずれのメガバンクでも口座開設と融資を断られました。それどころか、まるで3行とも申し合わせているかのように、過去5期分の決算書類提出を要求してきたのです。

新しく設立された会社なのですから、過去の決算実績がないことは聞くまでもありません。その一方で、スタートアップだからこそ喉から手が出るほど資金を必要としていますし、事業資金融資を受けることで大きな成長を果たす可能性もあるのです。

現に、戦後に飛躍を遂げたスタートアップの中から、ソニーやホンダのように日本を代表する大企業が出てきました。ただ、夢破れて退場を余儀なくされるスタートアップが多いのも事実です。おそらく知人に対応した担当者たちは貸し倒れリスクに敏感だったのでしょうが、1行だけに限った反応でないことが銀行というものの体質を表しています。

最近でこそ、各メガバンクはスタートアップへの資金面の支援に力を入れるようになっていますが、ファンドを通じたスキームを用いており、銀行自らが直接的にリスクを負う融資とは一線を画しています。

東京商工リサーチの調査によれば、国内の銀行106行の2023年3月期における預貸率（預金残高に対する貸出残高の割合）は3年ぶりに上昇に転じたとはいえ、62・94％にすぎませんでした。しかも、預貸ギャップ（預金残高と貸出残高の差）は367兆914億円に拡大しています(次ページ図参照)。預金で集めた資金の3割弱が貸し出しに回っておらず、金額ベースでは過去最大規模になっているのです。

預貸率、預貸ギャップの推移

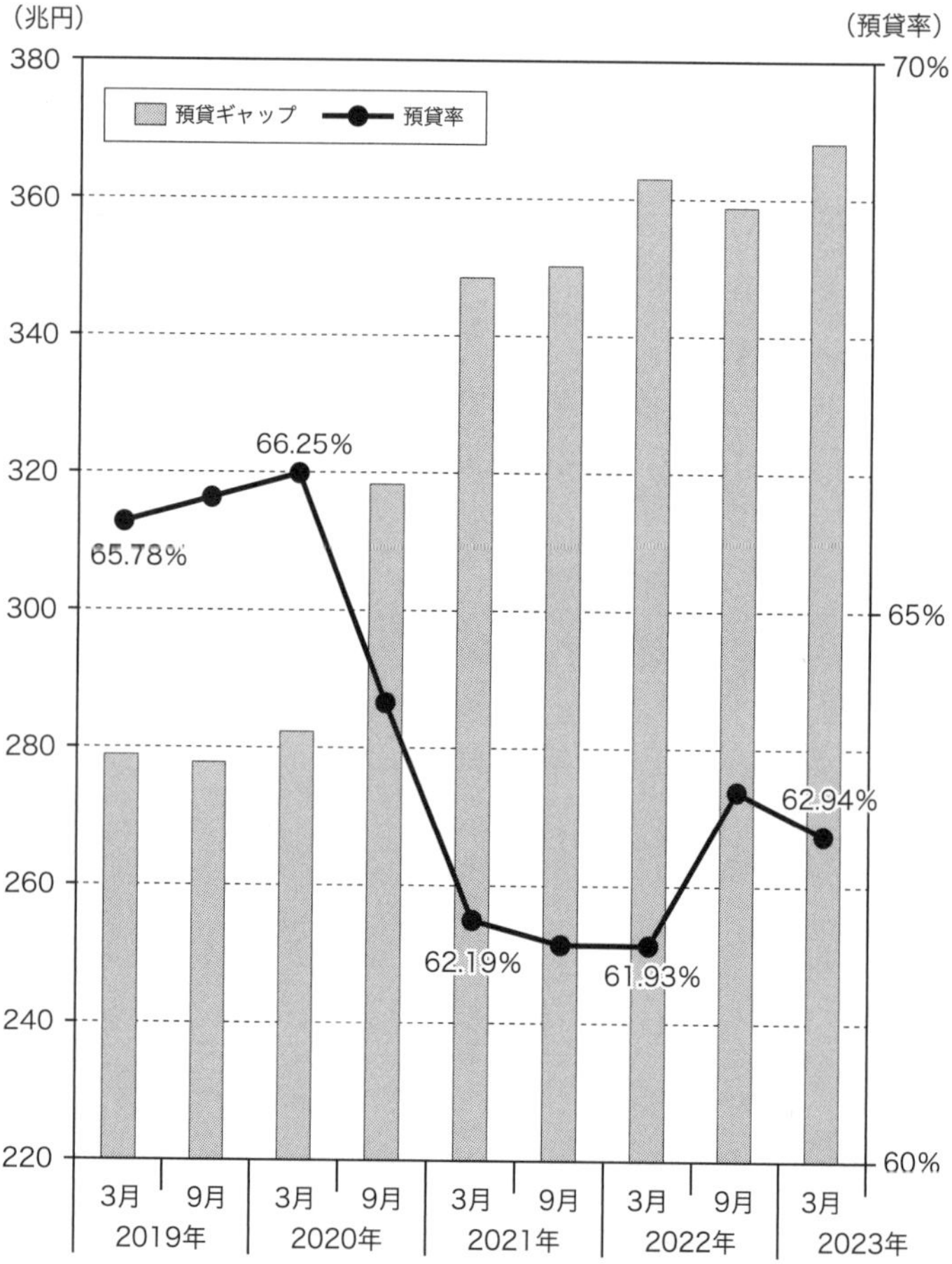

出典：東京商工リサーチ調べ（2023年3月期）

「信用保証協会」のお墨付きで融資の判断をしているだけ

まだ実績を残していないスタートアップからの融資の申し込みには門前払いを食らわせる一方で、メガバンクは公的機関である「信用保証協会」のお墨付き（保証制度付き）案件なら、相手を問わずOKを出すといっても過言ではありません。この信用保証制度とは、中小企業が金融機関から融資を受ける際に、同協会が債務保証を行ってくれるというものです。

お金を借りた中小企業が返済に窮した場合は、代わりに同協会が融資元に弁済を行ってくれます。つまり、銀行側はまったくリスクを負わなくて済むということです。こう聞くと、それは銀行として当然の判断だと思うかもしれません。

しかし、そもそも信用保証制度は銀行の間で横行した「貸し渋り」や「貸し剥がし」を防ぐために設けられたものです。1990年代後半から2000年代前半にかけて、多くの銀行は不良債権処理に四苦八苦し、新規の貸し出しを渋るとともに、融資先の経営悪化を恐れて返済期限前に資金を回収するという暴挙に出て社会問題化していました。

そこで、「間接金融＝経済成長のための資金供給」という銀行本来の使命をきちんと遂行させるために、公的機関が債務の返済保証を行うという制度を設けたわけです。国としては、この保証制度を〝呼び水〟に銀行が再び融資に対して前向きに取り組み、個々の案件ごとに信用力や事業の成長可能性などをしっかりと調査・査定するという健全な方向へ導きたかったはずです。

ところが、銀行は自らリスクを負うことを極端に拒み、「お墨付きがあればOK、でなければNG」といった短絡的な判定に偏重した思考停止に陥っています。言い換えれば、読者の方々が銀行に預けたお金は社会の役に立っていないのも同然なのです。

◆ゼロ金利下で国債運用にうつつを抜かしていた銀行

預金者から預かったお金のうち、貸し出しに回さなかった分をメガバンクはどこへ回していたのか？　たとえ超低金利とはいえ、預金者に利息を支払う以上、まったく利益を生まない状態で寝かせておくわけにはいきません。

驚くべきことに、2000年代の半ばから後半にかけてあるメガバンクが資金を投じていたのがサブプライム関連商品でした。サブプライムとは、米国の金融機関が信用力の低い人向けに提供していた住宅ローンで、簡単にいうと、それを証券化したものがサブプライム関連商品です。その収益性に目をつけて投資を行っていたのですが、融資の貸し倒れは嫌う半面、そういった流動性の低い証券化商品のリスクはさほど気にしないということには大きな矛盾があります。

案の定、某メガバンクは2007年のサブプライムショック後に巨額の損失を計上しました。それに懲りたためか、次にメガバンクをはじめとする銀行が積極的に買ったのは、国内の債券で最も安全とされる日本国債でした。2011〜2012年頃に銀行全体の保有額はピークに達しており、2013年9月末時点で銀行等が国債および国庫短期証券を保有する比率は39・1%に。その後は減少に転じ、2024年6月末時点では国債の過半(53%)を日本銀行が保有していますが、これは異次元の金融緩和に伴うものです(次ページ図参照)。この金融政策の危うさについては、第3章で指摘することにします。

とにかく、預金者として納得しにくいのは、本来なら日本経済の成長のために融資に回すべき資金であるにもかかわらず、海外資産や国債の購入に充てられていたという事実です。国債は国の借金(財政赤字)であり、日本銀行がその後、買い手の主役になるまで、銀行はせっせとその穴埋めをしてきたのです。

保有者別の国債・財投債残高と日銀の保有割合

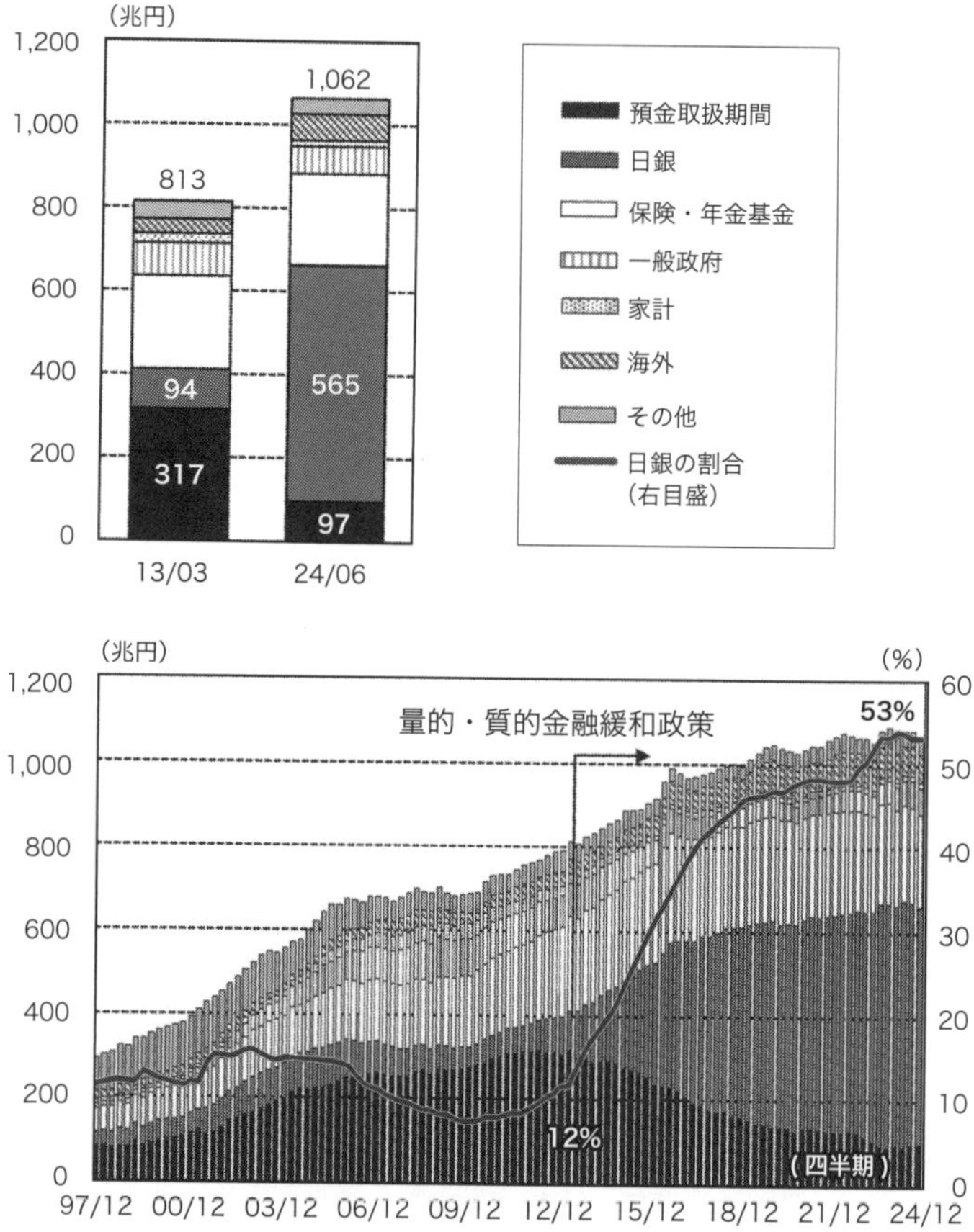

※国財と財投債の合計。短期国債は含まない。
※預金取扱金融機関にはゆうちょ銀行が含まれる。

出典：公益社団法人 日本経済研究センター 発表資料より

地銀は地方経済の活性化に貢献していない

◆今でも地方銀行は本当に「地元の殿様」だといえるのか？

批判の対象はメガバンクだけにとどまりません。おそらく地方に生活の基盤がある場合は、地元の地方銀行（地銀）をメインバンクに選んでいる人が圧倒的に多いことでしょう。そして、その理由について聞くと、「それ以外の選択肢は考えられないから」という返事が戻ってくるケースがほとんどだといっても過言ではありません。

昔から日本では、地元自治体の指定金融機関を務める地銀は「各都道府県のお殿様」というイメージが定着し、地域住民から絶大なる信頼を得てきたからです。しかしながら、地元経済に資する金融メカニズムという観点から捉えた場合、果たして地銀にお金を預けることは合理的な行為なのでしょうか。預金として集めたお金は、地元の経済の血流（資金の循環）を促すことに用いられているのでしょうか？

実は日本銀行がゼロ金利政策を解除してから、久々に地銀は預金の獲得に力を入れ始めています。利上げが実施され、わずかながらも金利がつくようになったことで、銀行が預金業務でも利益を出せるようになったからです。預金で集めたお金を銀行同士で資金を融通し合うインターバンク（銀行間預金市場）で運用すれば、若干ながらも利ザヤ（金利差がもたらす収益）を得られます。

ここで問題になってくるのは、とにかく利ザヤ目当てで預金獲得に奔走し、地元の経済界における実需（資金の需要）とかけ離れた金額の資金を集めていること。地銀は地域住民から厚く信頼されているからこそ、その期待に応え、預金で集めたお金を地元経済の発展に活用するのが本来の使命です。

ところが、もともと地方経済においては、1950年代後半から1970年代初めにかけての高度経済成長期の頃から資金余剰の常態化が問題視されてきました。地域住民から巨額の預金が集まるものの、東京をはじめとする大都市圏と比べれば資金の需要は限定的で、どうしても余剰気味になりがちだったのです。全国地方銀行協会の公開データによれば、2024年6月末時点における地銀全体の預金額が約333兆2390億円であるのに対し、貸出額は249兆6120億円でした。預金で集めた資金の75％弱が融資に回っている計算ですが、実はそのすべてを地元の企業に貸し出しているわけではありません。

◆東京や大阪で「経済合理性がほぼ皆無の融資」を行っている地銀

実は、地方では資金需要が限られていることから、東京や大阪などに設けた支店を通じて、資産が大都市圏での融資に回っているケースが少なくないのです。相変わらず、地元向けの融資は大きな伸びを示していません。しかも、大都市圏における貸し出しでは、メガバンクを中心とする大手行と激しく競合することになります。そのため、金利面を優遇するなどの便宜を図り、ペコペコと頭を下げて借りてもらっているのが実情で、おのずと収益性も低下してしまいます。つまり、地銀が大都市圏向けに行っているのは、「経済合理性が乏しい融資」なのです。

このように、もはや地銀は地域金融としての機能を十分に果たせなくなっています。それでも従来通りに全幅の信頼を寄せ、地銀に大金を預けるという行為は、地域のお金の循環にあまりに無関心といわざるを得ません。国の悲願である「地方創生」を果たすうえでの答えの1つは、地方に住む人たちが地元の地銀にお金を預けるのをやめることだといえるかもしれません。

銀行に頼らず資産を守り増やすことを考えよう

◆「直接金融＝投資」で実益を得るとともに、社会貢献も果たす

銀行が「間接金融」という本来の役割をきちんと果たしていないことについて述べてきましたが、お金を必要としている人たちがそれを調達する手段として、「直接金融」のスキームも構築されています。債券や株式などの有価証券を発行し、それらを購入してもらうことで必要な資金を獲得するというものです。

債券の場合、その購入者は発行元から所定の利息を受け取るとともに、満期時に元金を

返してもらえます。株式の場合、その購入者は発行元が稼いだ利益の一部を配当として還元してもらったり、発行元の企業価値が高まって株価が上昇することで享受できる値上り益を得たりすることが可能です。

つまり、資金を提供する側からすれば、投資のことを意味するのが「直接金融」なのです。「間接金融」で資金を提供する場合、その選択肢は預金であり、まだまだ金利水準が低い日本で見返りに得られるのはわずかな利息にすぎません。これに対し、株式への投資では第1章でも指摘したように、インフレに打ち勝つリターンを期待できます。しかも、自分が投じたお金が日本経済発展の一助となります。

その半面、債券や株式の発行元が経営破綻に陥ると、最悪の場合はそれらの有価証券が無価値になる恐れもあります。「間接金融」における預金と違って資金を提供する側は自己責任の下で投資の是非を判断することになるわけです。

◆「投資」と「投機」を混同してはいけない

ただし、ここで気をつけておきたいことがあります。それは、「投資」と「投機」を混同してしまうこと。決して「投機」を否定するつもりはありませんが、「投資」とは似て非なるものなので、きちんと見分けておきたいところです。

「投資」では、新たな価値を生み出すことを期待し、その果実を得ることを目的に資金の投入先を選びます。

たとえば株式なら、株券を発行している企業がビジネスで成功を収めるために資金を提供するのが「投資」に該当します。そのお金を生かして企業が新たな富を生み出すことができれば、長い目で見ればその成果が株価にも反映されて、投資家は相応のリターンを得られます。

こうした果実は、すぐに得られるとは限らず、むしろ正当に評価されるまでには時間を要するのが自明の理です。出資者として応援する姿勢で、その企業が構築したビジネスモデルが新たな付加価値を創出し、社会から評価されて売り上げと利益を伸ばしていく姿を腰を据えて見届けることが大事です。あくまで長期的な観点から、新たな付加価値によって生み出される利益という、新たな富から分配を受けることを期待するのが株式への「投資」です。

これに対し、株式を用いた「投機」では、短期的な株価変動（ボラティリティ）に着目して銘柄を選びます。何よりも重要なのは、目の前で大きく株価は動いている（動きそうだ）ということで、ボラティリティがリターンの源泉になります。「投機」のターゲットとなる銘柄を選別する際に、その企業が新たな価値を創出し得るか否かは判断材料となりません。株価が動くかどうかを予測し、その読みにベットするというゲームなのです。

「投資」と「投機」におけるもう1つの大きな違いは、時間という概念の有無です。「投資」は長期の視点で取り組むものですから、時間的な概念を何よりも重視します。

株式に「投資」の目的で資金を投じる場合は、その企業が新たなキャッシュフローを生み出す力を秘めているのかを精査することが求められてきます。そして、新たな価値の創造には相応の時間が必要ですから、開花するのを忍耐強く待つことが前提となります。

しかし、「投機」では目の前の株価が動くかどうかがすべてです。将来的に新たな付加価値をもたらすか否かは関心の埒外《らちがい》で、目の前の決算内容や好材料（株価上昇を誘発するニュース）など、瞬間的な価格変動をもたらしうる情報しか見ていません。

短期も長期もひとくくりにして株式投資と表現されがちですが、本来、それは大きな間違いです。同じく株式を対象にしていたとしても、「投資」と「投機」では概念や目的、リターンの源泉がまったく異なっているのです。

◆ビットコインを筆頭とする暗号資産は典型的な「投機」

なお、債券の保有は明確に「投資」の範疇《はんちゅう》です。あらかじめ定められた約束に基づき、クーポン（利息）という収益を得るために満期まで資金を提供するという目的が明確になっています。これに対し、新たな投資対象として話題のビットコインのような暗号資産は、明らかに「投資」ではなく、「投機」に属するといえるでしょう。暗号資産自体は何も生み出さず、単に価格が動いているだけにすぎません。

特に区別しやすいのは、不動産を対象とした「投資」と「投機」です。更地の取引で儲けようとする場合、単にその土地が値上がりしそうか否かを予測して資金を投じるので、それは「投機」であり、いわゆる地上げ屋がやっていることです。

しかし、その土地の上にオフィスビルや住宅などが立っている場合は、それらがもたらすテナント料や家賃を目当てに資金を投じることになり、「投資」に該当する行為だといえます。複数の収益物件を組み入れ、それらから得られる賃料を分配する仕組みになっている「REIT（リート：不動産投資信託）」もその典型例です。

◆マイナスサムやゼロサムではなく、プラスサムを選ぶ

世の中に存在する勝負事（ゲーム）や取引の多くは、マイナスサム、ゼロサム、プラスサムの3つに分類できます。これらの中で「投機」はゼロサムに該当するのに対し、プラスサムに位置づけられるのが「投資」です。

マイナスサムとは、すべての参加者の利益と損失を合計するとマイナスになる状況のことです。宝くじや競馬、パチンコなどがその典型例で、胴元（運営側）が参加者から集めたお金の所定の割合を徴収することで還元率が100％未満になるため、着実に稼げるのは胴元で、参加者が儲けるのは難しいとされています。

これに対し、誰かが利益を得ると同時に、別の誰かが損失を被るという状況がゼロサムです。外国為替の取引や、参加者が出し合ったお金をジャンケン勝負で総取りするような賭け事などが該当し、誰かが得た利益から他の誰かが被った損失の合計を差し引くと、プラスマイナスゼロとなります（外国為替の取引では売買レートにスプレッドと呼ばれる手

数料が加味されているので、厳密にはマイナスサムに近いといえます)。

残るプラスサムとは、すべての参加者の損益を通算するとプラスになる状況のこと。上手くいけば、全員が利益を享受することも可能です。一般的に長期のスパンで臨む株式投資は、プラスサムゲームに該当すると見なされています(次ページ図参照)。

期待通りの投資対象が新たな価値を創造して成長を遂げれば、長期的にはその状況を反映する株価も右肩上がりを描く可能性が高いからです。成長を見込んで投資した人たちは、新たに創造された価値を分かち合えるので誰も損をせず、まさに「投資」の領域です。

しかし、同じ株式投資でも短期売買の場合は、ゼロサムに該当するといえるでしょう。なぜなら、短期的には投資対象の価値に大きな変化が生じるケースはまれで、目の前の株価が様々な要因に左右されて不規則に動いていることに着目し、安く買って高く売る勝負を挑んでいるからです。いわゆる「投機」の範疇に入り、高く売り抜けて儲ける人がいる一方で、安く手放して損をしている人が存在しています。

一方、株式への「投資」では、その企業が新たな価値を創出することを前提にし、それをリターンの源泉としているので、綿密で科学的な分析が不可欠となってきます。そして、分析アプローチの手法がしっかりと確立されていれば、新たな価値を生み出す企業を次々

マイナスサム、ゼロサム、プラスサムとは？

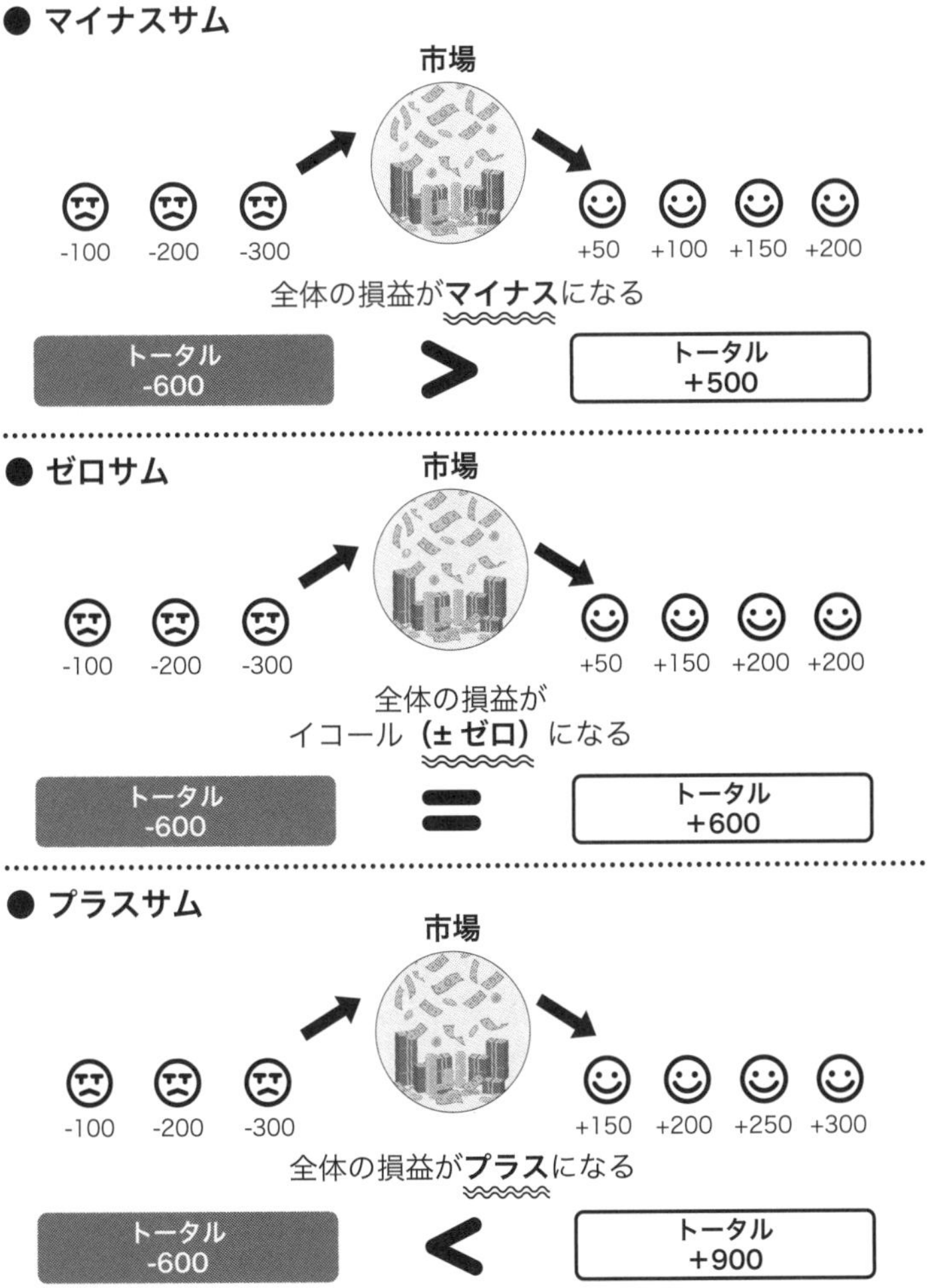

と発掘することが可能になります。

つまり、的確な分析に基づく株式への「投資」には、再現性があるということです。すぐに株式市場で高い評価を受ける銘柄もあれば、かなりの時間を要する銘柄もあるでしょうが、分析手法が正しければ、やがては創出された価値に向けて株価が収斂する可能性が高いといえます。

その点、短期的な値動きから収益機会を探す株式への「投機」では、予測通りの展開となるケースもあれば、期待外れの展開となるケースも出てきます。利益が得られたとしても、あくまで偶然の産物にすぎず、再現性があるとはいえないでしょう。

再現性のないものは、まさにギャンブルと同様です。再現性のある手法を用いながら長期の目線で銘柄を選別する「投資」こそ、資産運用において求められているものです。

◆銀行でNISA口座を開設するのは避けたほうがいい

ここで、再び銀行の話に戻りましょう。長く「投資」と「投機」の違いについて触れてきましたが、銀行でも投資信託を取り扱っていますし、NISA口座を開設することも可能で、特典付きキャンペーンを実施して熱心に勧誘しているケースも見受けられます。

しかし、結論からいえば、キャンペーンなどにうっかり惑わされず、NISA口座は銀行で開設しないのが賢明です。現行の制度では1つの金融機関でしかNISA口座を開設できず、うかつに銀行を選ぶと後悔しかねません。

もともと投資信託は、証券会社が独占的に取り扱っていました（一部の運用会社は直販も実施）。金融業界に対する規制緩和の一環で、1998年から銀行の窓口でも販売することが可能となったのです。

それまで銀行では、顧客（預金者）の資産（預金）を運用して（融資に回して）利益（利ザヤ）を得るというストックビジネスが中核となってきました。投資信託の販売はまったく毛色が異なり、販売手数料で稼ぐというコミッションビジネスです。

この新たなビジネスモデルが入ってきたことによって、手数料収益の達成目標（ノルマ）が掲げられ、言葉巧みに預金から投資信託へ、更には投資信託から別の投資信託へと乗り換えさせる勧誘も横行しました。しかも、投資信託の販売手数料は個別に設定されていますが、銀行の取り扱いではこれらが相対的に高めに設定されているものが目立ち、手数料稼ぎの魂胆が見え見えでした（65ページ図参照）。

実際、「おすすめ」として紹介されている投資信託の商品内容について、問題視されるケースが多々あったのも確かです。「通貨選択型ファンド」と呼ばれるものがその一例で、高金利通貨の為替取引による収益も期待できそうなことが興味をそそったものの、価格変動のメカニズムが非常にわかりにくく、すべての顧客が本当に理解したうえで購入を決めたのかが大いに疑問です。

また、本来ならオプション取引をはじめとするデリバティブ（金融派生商品）はシロウトが手を出すべきものではありませんが、銀行はそれらを駆使したタイプの投資信託を積極的に販売していたこともありました。言わば「ギャンブルファンド」で、その実態は「投資」ではなく「投機」だったのです。

ただ、昨今では、皮肉にもNISA口座の獲得を巡り、これまでとは真逆の低コストな商品を取り扱わざるを得なくなっています。詳しくは第5章で触れますが、NISAの「つみたて投資枠」でもっぱら人気を集めているのは、米国の主要な株価指数であるS&P500や、グローバルな株式市場の全体的な推移を反映する全世界株式（オールカントリー＝略称：オルカン）に運用実績が連動する仕組みになっているインデックスファンドです。

NISAの「つみたて投資枠」で選択できる投資信託はすべて販売手数料がゼロである

投資信託にかかるコスト

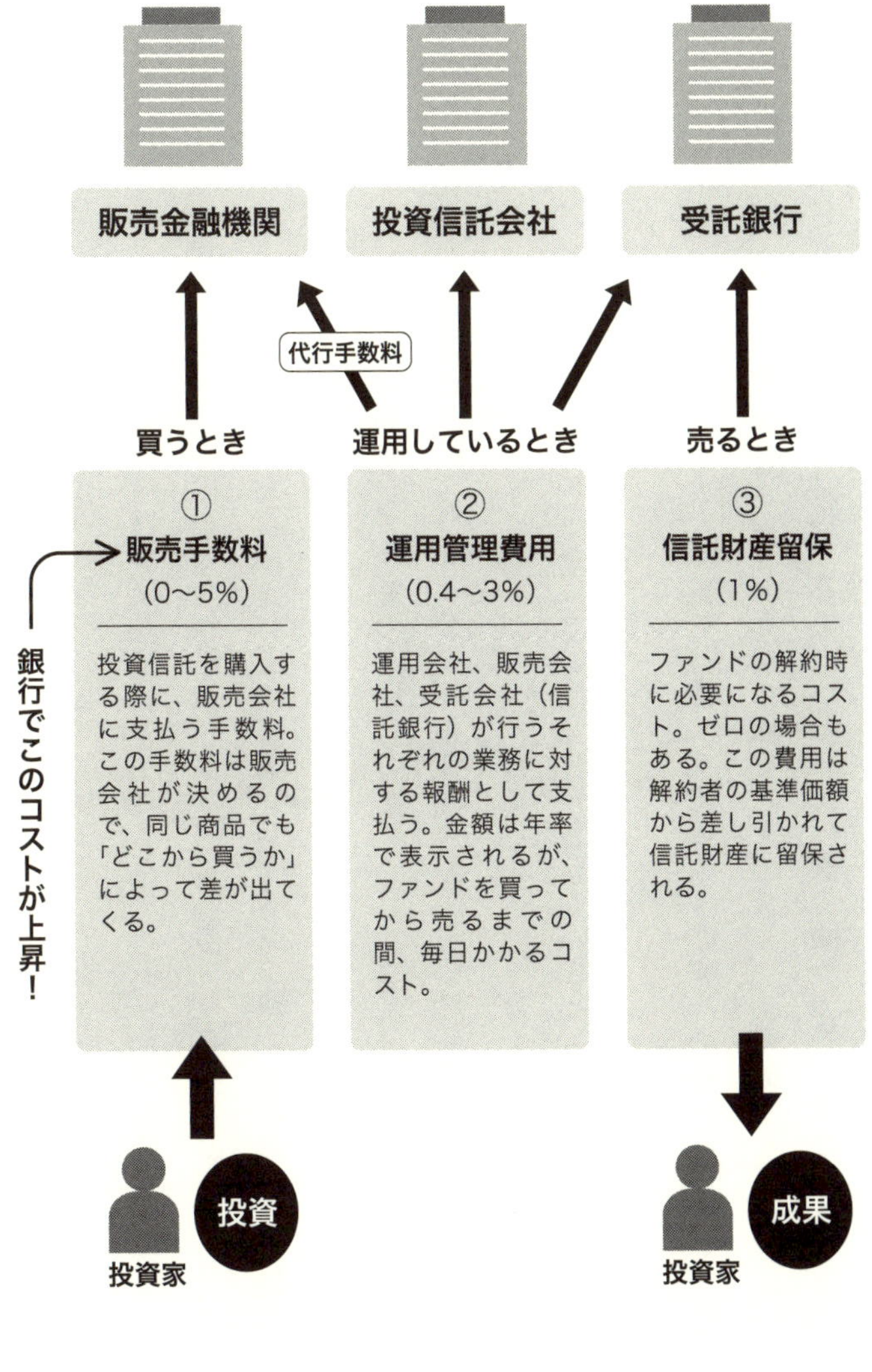

うえ、S&P500やオルカンに連動するタイプの中でも突出した人気を誇っているのは、信託報酬の料率が最も低いもの。つまり、銀行にとってはまったく儲からない商品です。

上司からはできるだけ高い手数料の投資信託を販売するように指導されるものの、実際に窓口で対応する行員としては、顧客のほうから飛びついてくれるS&P500やオルカンのインデックスファンドを販売するほうがはるかに楽。NISA口座の獲得数や投資信託の残高といった目標（ノルマ）の達成にはつながるので、現場は儲けなど気にせずにとにかく楽にさばけるファンドを販売しているのが現状です。

当然ながらその販売姿勢には、顧客にNISAの非課税枠を活用した長期の資産形成を成就してもらうというフィロソフィー（哲学）が欠落しています。一方で、S&P500やオルカンのインデックスファンドしか売れない状況を放置していると、銀行はどんどんジリ貧になってしまいます。

投資信託の販売で儲けられなくなった事態を打開するために、必ずや何らかのアプローチで収益の拡大を図ることを模索するはず。銀行の顧客にとっては、その動きを最も警戒すべきで、たとえば窓口で手数料収益性が高いといわれる変額保険への加入を勧誘されたら、聞く耳を持たないのが賢明でしょう。

第3章

国も会社も守るどころか根こそぎ抜いていく

まんが Episode 3

国も会社も守ってくれない！

そんなあ… NISAの口座を作るのも銀行は避けたほうがいいなんて…
先ほど説明した通り銀行にとって有利な投資信託を「おすすめ」の商品として窓口で勧誘されがちですから
そして自分が本来保有したい商品がラインナップにあるとは限らないのです
え～～
じゃあなすすべがないじゃん！結局堅実に貯金を貯めていくしか…
貯金
それが一番危険なんです！
先ほどインフレの世の中では貯金はどんどん目減りしていくという話をしましたね
ひぃっ
インフレ率2%なら去年100万円のものは今年は102万円になる…
この世界的インフレは——
ロシア・ウクライナ戦争以降の現象です
100万円
102万円
日本はデフレからアベノミクスでインフレを目指したんじゃ…
ところがです
世界的インフレに日本も自然とつられ…
それでも低金利を続けていたため円安が起きてしまったのです
その結果日本人の貯金は海外に対して相対的に目減りしてしまったのです
増
減
え
え
どういうこと？

1万ドルの商品はかつて100万円で買えたのに今では150万円かかるようになってしまったわけですから――
…ああ海外を含めた視野で見ると貯金が目減りしたといえるわけか
投資信託
ただし、資産の一部を外貨で預金していたり投資信託や株式で保有していた人ならその影響は軽減されていたでしょう
株式
加えて国内ではインフレが進むわけですから…
――要は今や2つの意味で貯金の価値が減り続けているということか！
なんでそんな悲しいことするのさ！
国がトクするからです
は？
日本の借金は2024年6月末時点で約1311兆円です
1311兆円
…改めて聞くとすごい額！
この借金負担を軽減する方法が2つあるのですが…わかりますか？
…増税？
NO~
そう、税金を増やして国民から取り立てれば借金の補填はペースアップできます
それじゃもう1つは…
インフレです！
inflation

金利を上げずにインフレが進めばお金の価値が減り借金の負担も軽減されます
そんなぁ〜
インフレは国民のためじゃなくて国のためだったわけ？
よっしゃっ
だったら稼ぐに追いつく貧乏なし！
私はこれからもバリバリ働いてやりますよ！
その勤労がますます報われない世の中になっているんです…
70歳
65歳
60歳
公的年金がもらえる年はかつての60歳から65歳になり更に政府は支給開始年齢の繰り上げを進めています
えっ！
年金いずこへ
少子高齢化で社会保障費の負担がますます重くなっていますからね
少
少
少
増
増
増
増
健康保険料も上がり続けますよ
「保険料」たって天引きだもん税金と変わんないよ
年金
必死に働いても手取りは減る
約束がちが〜う！
年金
年金
年金
企業でも似たようなことが起きていますよ
リストラに遭ったり早期退職制度で体よく追い出されることはもはや珍しくありません
ポイ
ポイ
お疲れさま〜

「終身雇用制度」「年功序列賃金」を信じて大企業に入社したはずの中高年社員が
途中でルールが変わったわけか…まさに約束が違う…
成果主義
ザザッ
人件費
ザーッ
「成果主義」の名の下人件費のコストカットに出たわけです
ほかにも退職金を給与やボーナスに上乗せして支給する「退職金前払い制度」を導入する企業が増えていますが…
ええっ!? それはおいしい制度じゃん！
退職金を満額用意するのが難しいので小出しにしているのです
いえ
いえ
「あなたを定年まで面倒みることはできませんよ」と暗に言っているんです
銀行はダメ 国も会社も頼れない…じゃあ私は一体誰を信じれば…
ん―――…
その依存心を捨てるのです
びしっ
自分で守る！自分で増やす！
今や「自分の資産は自分で守る。自分で増やす」という自立への決意が必要です
日本は今や「行動しなければ損をする」という厳しい時代に明確に入っているのです！
はいっ
資産形成の自立ね！
びしっ

日本の財政状態は世界最悪！国に期待してはいけない

◆アベノミクスの「異次元金融緩和」が目指したもの

２０２４年3月、日本銀行は約8年間にも及んだマイナス金利政策を解除し、17年ぶりに利上げを実施しました。同年6月には異次元金融緩和の一環として続けてきた「国債大量購入」の規模を縮小させる方針を決定。さらに、２０２５年1月まで2度にわたって追加引き上げに踏み切りました。異次元金融緩和からの出口戦略を進めているわけですが、今後の道のりは非常に厳しいといわざるを得ません。

そもそも異次元緩和は、２０１３年４月から黒田東彦総裁（当時）の号令によって開始されました。その前年12月に発足した第2次安倍政権は、アベノミクスという政策を掲げ、3本の矢と称する経済政策を打ち出しました。

3本の矢とは、①大胆な金融政策、②機動的な財政出動、③民間投資を喚起する成長戦略です。このうちの第1の矢として、日本銀行が異次元金融緩和に動いたのです。黒田総裁が「量・質ともに次元の違う金融緩和を行う」と宣言したことから、そう呼ばれるようになりました。具体的には、デフレからの脱却を実現するため、インフレ目標（2％程度の適度な物価上昇）を達成できるまで無期限の量的緩和を行うというものです。

黒田総裁は当初、「2年以内にインフレ目標の達成を目指す」と断言していたものの、それが絶望的になったことから達成時期について明言を避けるようになりました。追い詰められた日本銀行は、2016年にマイナス金利政策を導入。併せて、長・短期金利操作（イールドカーブ・コントロール）にも乗り出しました。

もともと日本銀行は金融政策の手段として短期金利の上げ下げをコントロールしていましたが、長期金利（10年もの国債の利回り）も誘導の対象に加えるというものです。本来、10年もの国債は金融市場で自由に取引が行われており、売買状況に応じて利回りが変化するものです。買いが優勢なら国債の価格が上昇してその利回りが低下し、逆に売りが優勢なら価格が下落して利回りが上昇します。

日本銀行は金融市場で自由に国債を大量に購入し続けることによって、債券価格の上昇を通じて本来規制金利ではない長期金利を低めに抑えようとしました。その結果、日銀による国債の保有残高（国庫短期証券を除く時価ベース）は異次元金融緩和下で約6倍（2024年6月末時点で564・8兆円）にも膨らんでおり、発行総額の約53％を抱え込んでいます。

第2章でメガバンクをはじめとする銀行が短絡的に国債投資に走っていたことについて触れましたが、民間銀行に代わって2016年以降は日本銀行がどんどん買い取っていったわけです。

◆どんなに国債を発行しても、ゼロ同然の金利で利払いに困らず

ちなみに日本銀行は、2001年に量的緩和と呼ばれる非伝統的な金融政策を打ち出し、世界の中央銀行の中で初めて国債の買い入れを実施しました。金利をゼロまで下げても景気回復を果たせず、他に打つ手がなくなったからです。

日本銀行の速水優総裁（当時）は1999年2月からゼロ金利政策を打ち出し、翌年にITバブルで経済が活気づいたことから解除したものの、すぐに景気が失速して復活せざ

日本銀行による国債保有状況の推移

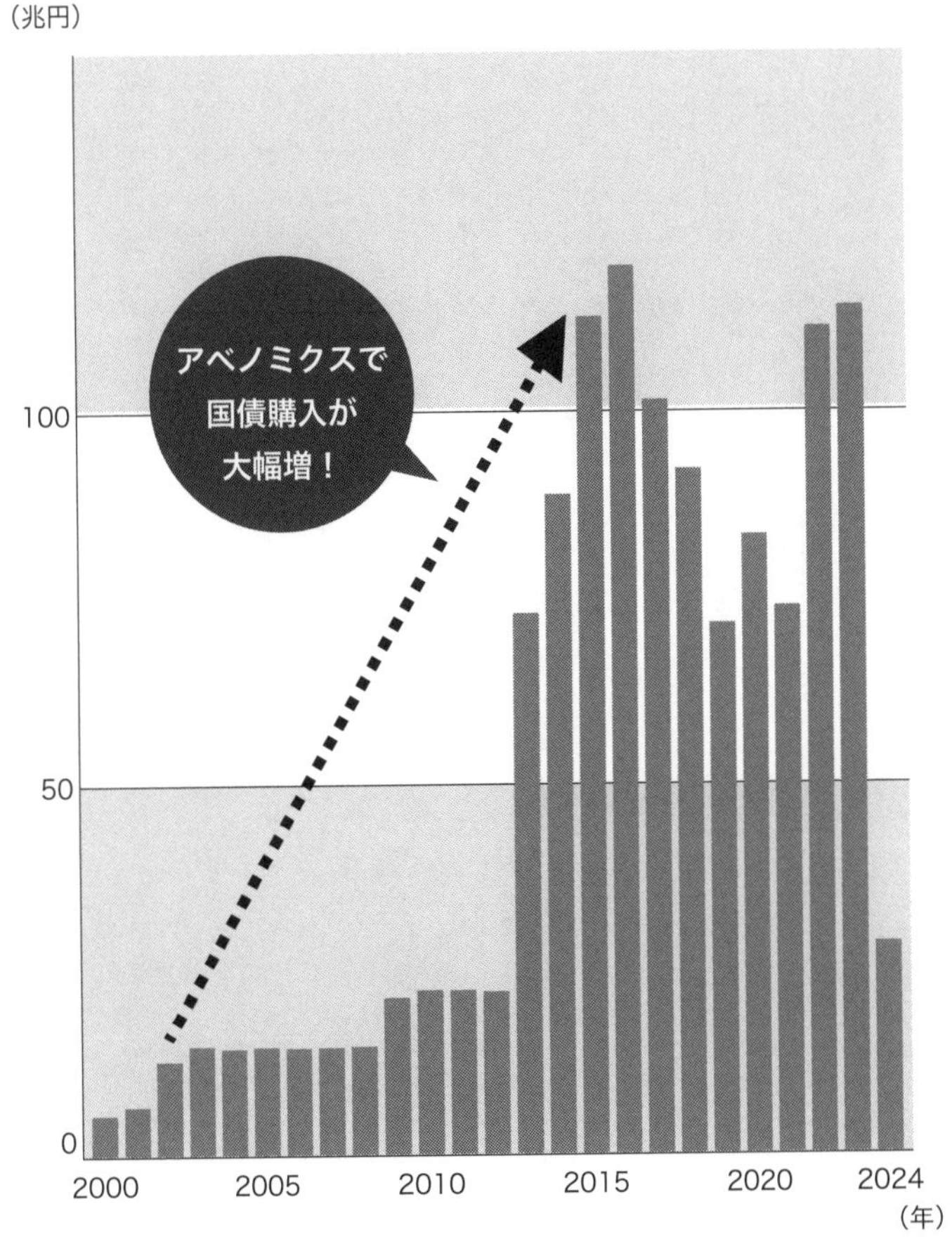

出典：日銀発表のデータより

るを得ず、先に述べたように量的緩和も導入。ようやく２００６年3月に量的緩和、同年7月にゼロ金利の解除にこぎ着けました。翌年のサブプライムショック、翌々年のリーマン・ショックを受けて世界経済が危機に陥り、２０１０年10月にゼロ金利が復活しています。

日本はその翌年に、東日本大震災という災禍にも見舞われました。結局、日本では四半世紀にも及ぶ長きにわたってゼロ同然の金利が続いてきたのです。

デフレからなかなか抜け出せず、経済成長を果たせないにもかかわらず、それでも日本の国家予算は右肩上がりで増え続け、先進国の中でも他に例を見ない規模の財政赤字を抱えています。その根本的な原因は、ゼロ同然の金利が長期化したことにあります。

アベノミクスの第2の矢である「機動的な財政出動」で大量に新規国債を発行する大盤振る舞いを続け、その後もコロナ危機を受けてさらに発行残高を大幅に積み増しても平気だったのは、ずっとゼロ同然だったので利払い費用がほとんど増えなかったからです。世界最悪の状況まで国債の発行額が膨張しながらも、異様なまでに少ない利払い負担で済んでしまう不自然な環境を異次元金融緩和がもたらしていました。

◆国は無尽蔵に国債を発行、政府の〝子会社〟日銀がせっせと買い取る

しかも、異次元金融緩和を推進した黒田総裁（当時）は先に述べた通り、大量に新規発行された国債のほとんどを日本銀行が買い取ることに決めました。それは、非常に恐ろしい行為だといえます。通常の借金では、借り手の求めに応じる貸し手が存在するからこそ、その健全なやりとりが成立します。国債を発行するのは財務省で借り手は国なのですが、その借金に応じた貸し手が政府の子会社である日本銀行であるというのは異常です。

日本銀行法第3条によって、日本銀行が手掛ける金融政策の独立性が定められているものの、アベノミクスの第1の矢に「大胆な金融政策」が掲げられているように、少なくとも異次元金融緩和下ではほとんど形骸化しているのが実情です。親が書いた借金の借用書を次から次へと子どもに買い取らせる構図になっています。

その挙げ句、日本銀行のバランスシート（貸借対照表）は、とんでもない状態まで肥大化してきました。次ページの図からもわかるように、1998年度末と比べて2022年度末のバランスシートは約9倍に膨らんでいます。

肥大化した日本銀行のバランスシート

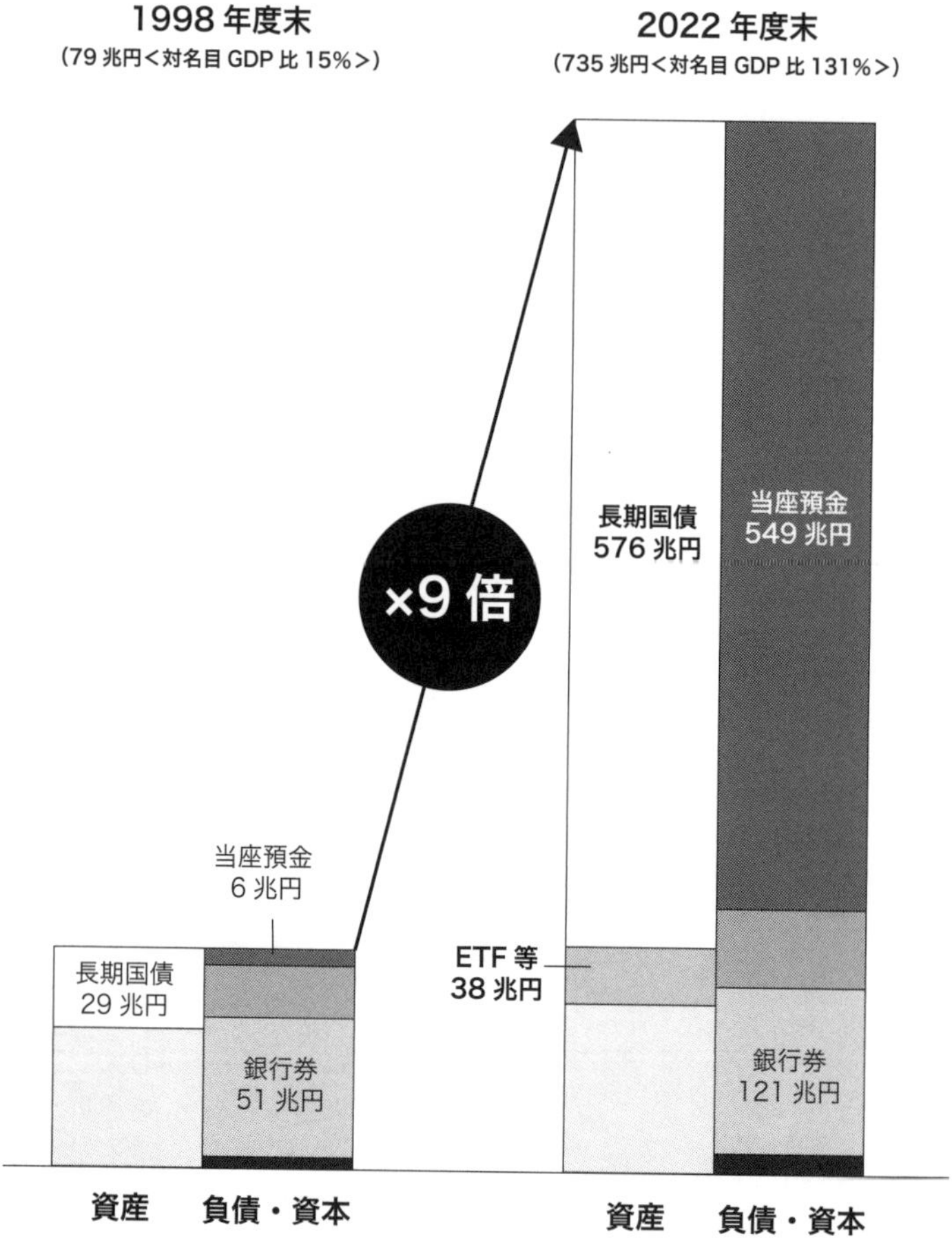

出典：日本銀行の公開資料より

◆日銀のバランスシートは肥大化し、世界の中銀で最悪の状況に

日本銀行のような中央銀行のバランスシートにおいて、買い入れた国債は資産に該当し、民間の金融機関から預かっている当座預金は負債と見なされます。バランスシート拡大局面では資産側で長期国債、負債側で当座預金が増加し、通常なら前者で得られる利回りが後者で負担する利息を上回るため、収益も拡大すると日本銀行企画局は説明しています。しかしながら、それはあくまで日本銀行内における収支です。

この章の冒頭でも触れたように日本銀行はすでに利上げへと舵を切っていますが、さらに追加策を進めた場合、借り手である国は利払い負担が膨らむことになります。ほぼゼロに近かった利払いのための予算が1％に増えただけで、一気に重くのしかかって国家財政が圧迫されるわけですから、子会社である日本銀行は実体経済に即した利上げを行いたくても行えないのがシビアな現実です。

日本のみならず、主要国の中央銀行も2008年9月のリーマン・ショック後や2020年のコロナパンデミック（世界的感染拡大）時に量的金融緩和を進め、各々のバランスシートの規模が拡大しました。次ページ上のグラフの通り、リーマン・ショック前と比較

主要中央銀行のバランスシート規模の推移

(グローバル金融危機前からの増加率)

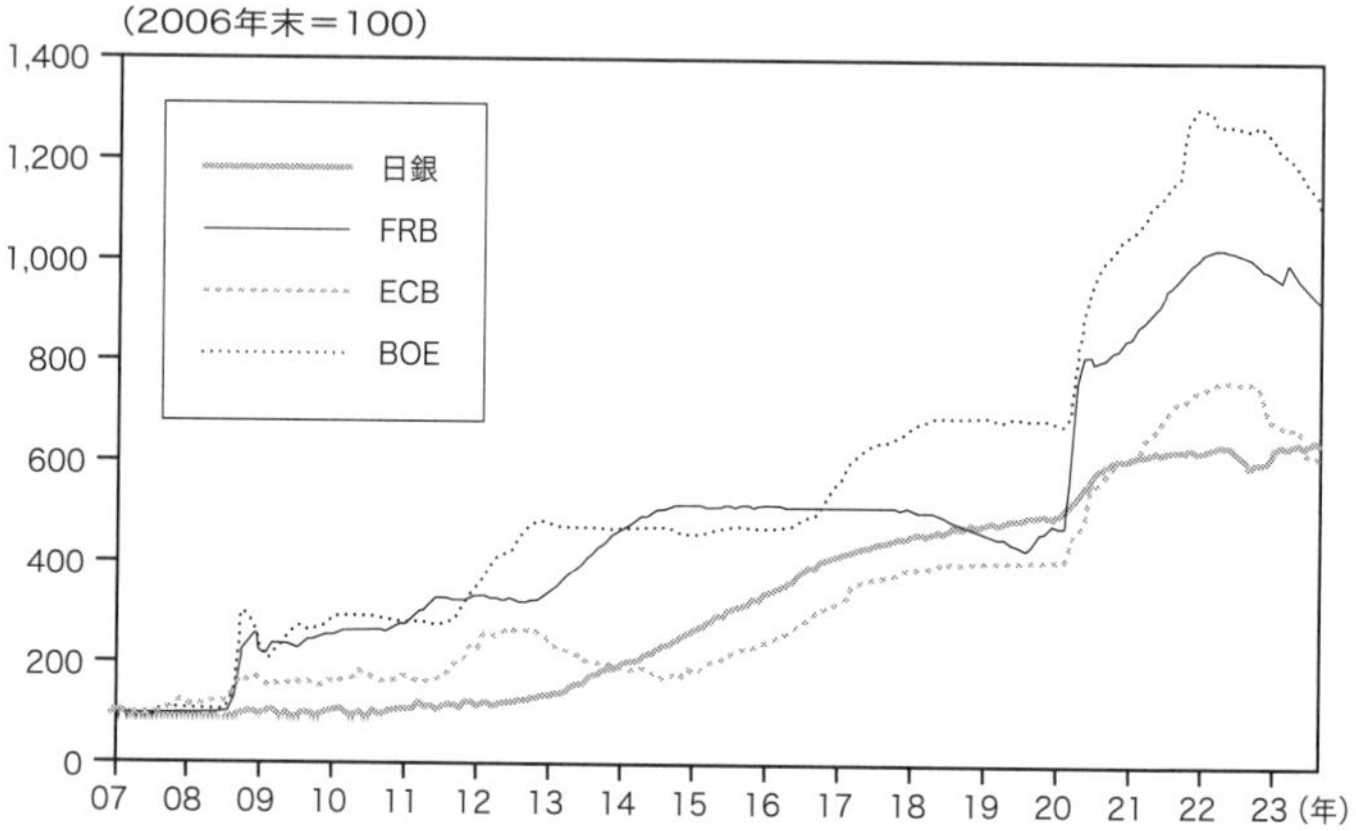

(対名目GDP比)

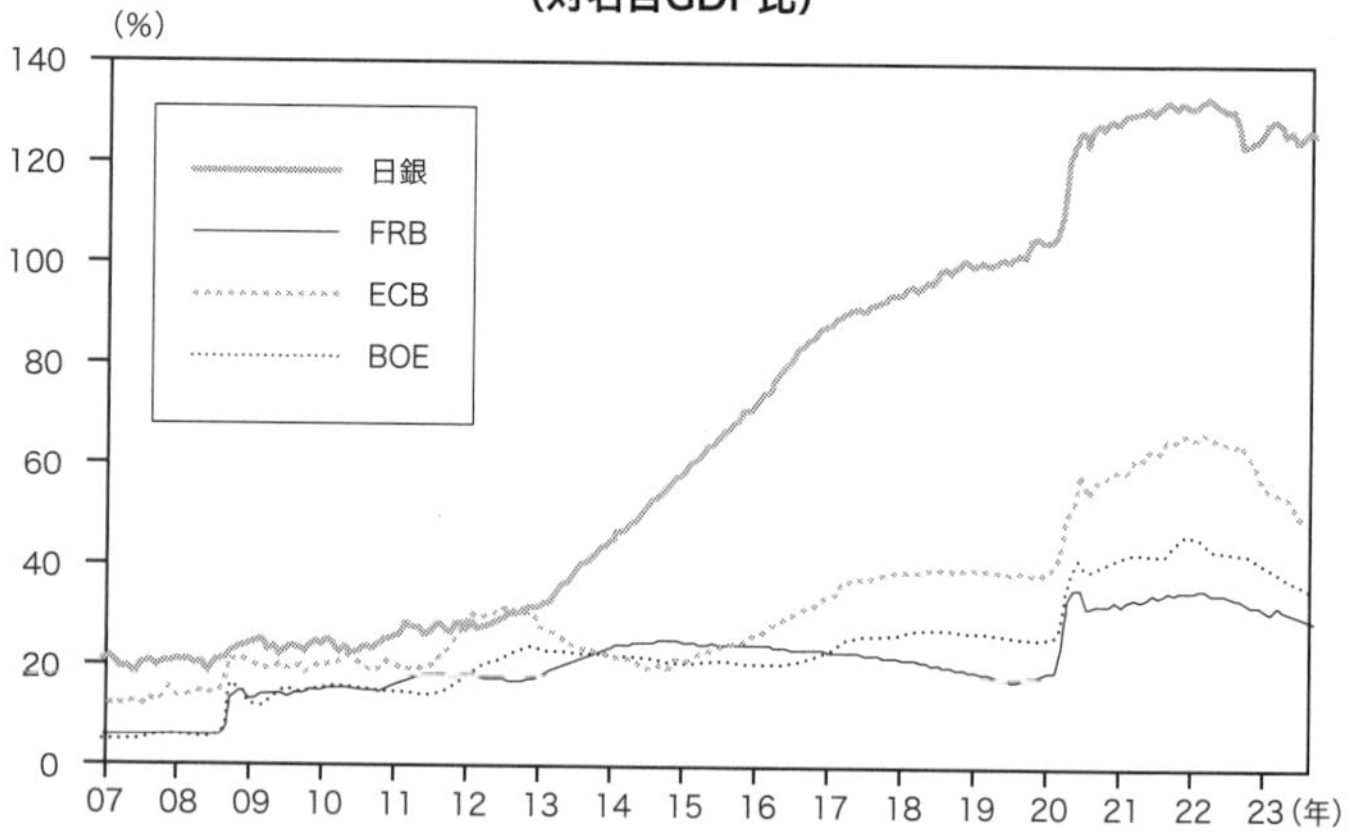

出典：日銀発表資料より

した増加率では米国のＦＲＢ（連邦準備制度理事会）、ＥＣＢ（欧州中央銀行）、ＢＯＥ（英国中央銀行）が日本銀行を上回っています。

ただ、増加率がほぼ右肩上がりを描いている日本に対し、ＦＲＢやＥＣＢ、ＢＯＥが減少に転じた局面がありました。日本銀行はいち早く１９９０年代の後半から量的緩和に手を出していたうえ、その規模を縮小しておらず、名目ＧＤＰ（国内で創出されたモノやサービスの付加価値）の２５０％超に相当する規模にまで達し、ＦＲＢやＥＣＢ、ＢＯＥと比べても突出した状況になっています（右ページ下のグラフ）。

つまり、ＦＲＢやＥＣＢ、ＢＯＥは危機下に大掛かりな対策を打ち、それに伴ってバランスシートが一気に膨れ上がったものの、あくまで緊急対応であり、最悪期を乗り越えたら速やかに縮小していたのです。この点、日本のバランスシートは他の国々よりもはるかに膨張しているにもかかわらず、国が借金まみれであることがたたって速やかな是正が難しい状況にあります。この先、日本銀行が国債の保有額を減らす方向に動くとしても、下手に金融市場で売却すると債券価格の低下（利回りの上昇）を招いて大混乱に陥りかねません。償還（返済期限）を迎えた保有国債の一部を再投資に回すという遠回りの手を打たざるを得ず、バランスシートの縮小にはかなりの時間を費やすことになるでしょう。

もしも、ここまで国が借金まみれになっていなければ、日本銀行は気兼ねなく利上げを進められたはずで、預金などの金融商品の利回りはもっと高くなっていても不思議はありません。そう考えると、本当なら国民が得られたはずの金融所得の分だけ、国の利払い負担が免除されているようなものだといえます。つまり、気づかぬうちに国民の富が国に移転しているのも同然なのです。国は守ってくれるどころか、何食わぬ顔で私たちから搾取していると残念ながらいわざるを得ないのが実状です。

国はあの手この手で国民からの徴収を増やす

◆インフレで国民の富が毀損される裏側で、国の債務返済が楽になる

日本銀行が公表した2024年7〜9月「資金循環統計」によれば、その時点で個人の

金融資産は2179兆円に達し、前年比で58兆円の増加を記録したそうです。しかしながら、実は物価の上昇分を加味すると実質は前年割れとなっています。

インフレが進むと現金の価値が低下する一方で、個人の金融資産の過半を現金・預金が占めているわけですから、当然ともいえる結果でしょう。すでに国民の富は目に見えて毀損されているということです。

これに対し、インフレの進行は、巨額の債務を抱えている国にとっては、ある意味で好都合だといえます。現金の価値が相対的に目減りした分だけ、返済の負担が軽くなることがその理由の1つです。

加えて、インフレが進むとそれに連動して名目GDPが増えます。なぜなら、この経済指標は物価の変動を加味していないからです。実際には経済がそれだけの成長を遂げたわけではなくても、とにかく名目GDPが増えれば、それに応じて国の税収が拡大します。

少し前のページで指摘したように、過度なインフレの進行を抑制するために日本銀行が一利上げを実施すれば、国の利払い負担も膨らみます。そのことを承知しているだけに、一蓮托生の関係にある日本銀行も利上げに対して極めて慎重な姿勢を取らざるをえません。

国民の富が目減りした分だけ、国の財政はいくらか楽になっているうえ、本来ならインフレの進行に応じて増えるべき預金利息もほとんど増えていないのが現実なのです。言い換えれば、密かにインフレの裏側では、国が貯め込んだツケが国民に回されているということになります。

◆いざとなれば「国が守ってくれる」という日本人の幻想

「国民皆保険」という政策の下で公的年金や社会保険が整備されていることもあってか、とかく日本人の間では「国が守ってくれる」という意識が強い傾向がうかがえます。ここまで国家に全幅の信頼を寄せているのは、世界を見渡してみても非常にレアケースです。

確かに日本の社会保障は、受益者（保障を受ける側）にとって非常に手厚い制度になっています。その一方で、先進国の中でも突出したピッチで少子高齢化が進んでいるのは周知の事実で、手厚い保障になっているからこそ、制度を維持するための対策を進めなければならないのは明白でした。

ところが、抜本的な改革を先送りにし続けてきたうえ、既得権益者（すでに公的年金を受け取り始めているシニア層）の反発を恐れて、デフレが深刻化した1998年以降に大きな運営ミスを犯しました。２００４年度の年金改革で「マクロ経済スライド」という制度が導入されたにもかかわらず、それを一度も実施しなかったのです。

簡単にいえば、同制度は将来にわたって年金財政を維持していくために、状況に応じて給付額を抑制するというものでした。保険料を負担する現役世代の減少や平均寿命の伸び、経済情勢などを踏まえたうえで、妥当だとされる給付額を決定することになっていました。当時はデフレが進んで物価が下落し続け、現金の価値が高まっていったので、本来なら給付額を減らさなければならないのに、国はまったく調整を行わなかったのです。その結果、10兆円に近い金額の年金が過払いされることになりました。

当然ながら、こうした過払いは年金財政を圧迫します。さらに少子高齢化が進んで財政事情が苦しくなっていくことは、もはや誰もが認識していることのはずです。

今の現役世代が老後を迎えた頃にも、過去と同じく過払いのような大盤振る舞いの給付を行うのは、到底不可能だといえます。一刻も早く、「国が守ってくれる」という幻想は捨て去ったほうが賢明でしょう。

◆「ステルス増税」や税金以外のやり方で「国民負担」が増加

日本のように財政が著しく悪化した国がその状況を打開する策としては、インフレ誘導と増税という2つの手段があります。これらのうち、インフレ誘導はアベノミクス政策の一環として黒田日銀が力を入れてきたものの、コロナ禍を抜け出した頃から日本でも顕在化している物価上昇は金融政策の賜物ではなく、グローバル経済の影響にすぎません。

残る増税については、コロナパンデミックの前年に当たる2019年に消費税引き上げ（8→10％）が実施されましたが、その後はインフレで国民の生活が圧迫されていることもあって、真正面からの大掛かりな策は打ちづらいのが実情でしょう。そういった事情もあってか、〝ステルス増税〟と呼ばれる姑息な手段を講じたり、税金とは異なる方式で「国民負担」を増やしたりするケースが横行しています。

ステルス増税とは、レーダーに感知されにくいステルス戦闘機のように、国民の負担が実質的に増えることを察知されないように取り繕った増税策のことです。

その典型例に挙げられるのが「復興特別所得税」で、2013年から所得税に2・1％を上乗せする形式で国民が負担しており、本来なら2025年で徴収期間は終了予定でした。ところが、税制改正に伴って2037年まで延長されることが決まっています。

これがステルス増税だと揶揄される理由は、税率を1％引き下げたから「減税である」と国が詭弁を弄していることにあります。その陰では、2027年から防衛増税（所得税率の1％引き上げ）が導入されるので、実質的に「復興特別所得税＋所得税」の税率を合計した数値は据え置かれたままであり、単に徴収期間を12年間も延長しただけというのが真実なのです。

岸田政権の置き土産である「異次元の少子化対策」も、税金とは異なる形式で「国民負担」を増やす結果を招いています。児童手当の拡充をはじめとする様々な支援策が実施される計画ですが、それらの財源を確保するため、「子育て支援金制度」が新設されることも決定したからです。

この支援金は2026年度から徴収される予定で、社会保険の保険料に上乗せする方式によって、子どものいない世帯からも徴収されることになります。国民の反発を恐れたのか、増税ではなく「支援金」という名前での策は、むしろ世間で大きなひんしゅくを買っているようです。

◆こっそり進む「国民負担」で、知らぬ間にボーナスの手取りも減少

こっそりと「国民負担」を増やしていくという国の手口は、今に始まったことではありません。もはや額面と手取りにかなりの違いが生じることがすっかり当たり前になっているので、違和感を覚える人は少ないでしょうが、昔と比べるとボーナスの手取りも、密かに進められた「国民負担」の増加分だけ大きく減っています。

本来、社会保険は月収（標準報酬月額）に基づいて保険料が算出され、毎月の給与からその分が天引きされる仕組みになっていました。業績が大幅に悪化しない限り、毎年2回（夏・冬）の支給が常識的になっているものの、あくまで臨時の収入であるボーナスから保険料が徴収されることはなかったわけです。

ところが、2003年4月からの改正法施行で「総報酬制」が導入されたことによって、ボーナスを含めた年収の総額に応じた料率の社会保険料が徴収されるようになりました。もう少し詳しく説明すると、「総報酬制」における社会保険料は「（毎月の給与＋ボーナス）÷月数」という式で算出されます。ただ、実はボーナスからの社会保険料徴収はそれ以前から行われていたものです。1995年4月～2003年3月の期間中は、ボーナスか

ら「特別保険料」が徴収されていました。

とはいえ、「特別保険料」の負担は労使折半でボーナスに対して1%（給与所得者の負担は半分の0・5%）で、「総報酬制」のほうがはるかに負担が大きくなるものです。「総報酬制」が導入された直後は大騒ぎになったのですが、いつの間にかボーナスの額面と手取りに大きなギャップがあるのは当たり前のことになってしまいました。

なお、ボーナスからも社会保険料が徴収されるようになったのは、一部の企業の間で〝保険料逃れ〟を目的に支給額を調整する動きが見られたからです。「総報酬制」の導入前は、結果的には総額で同じ年収を支払うとしても、月給額を少なめにしてその分をボーナスに上乗せするという調整を行うことで社会保険料の負担を軽減できました。

社会保険料の負担は労使折半なので、企業側も従業員側も軽減できるのに越したことはありません。そこで、双方の合意のもとに月給とボーナスの支給額を意図的に調整するケースが相次ぎ、そういった操作を行っていない企業との間では不公平感が募っていました。

こうした背景の下で導入されたのが「総報酬制」で、決して国民に対して負担増を強いるものではないというのが当時の国の見解です。導入に並行し、厚生年金の保険料率も17・35%から13・58%に引き下げられ、その分だけ毎月の給与から天引きされる社会保険料も減額されました。

とはいうものの、その後に厚生年金の保険料率は段階的に引き上げられ、2017年9月には18・5%に達しています。結局は「総報酬制以前」よりも高くなっていますし、まとまった金額の支給であるボーナスからの徴収分も含めれば、導入前と比べて明らかに負担は大幅に増えています。

◆iDeCo（個人型確定拠出年金）見直しの背景に潜むものとは？

一方、公的年金を補完する私的年金制度としてiDeCo（個人型確定拠出年金）が存在しており、2025年度の税制改正に伴って実施される制度見直しの一部が「改悪」であるとの批判が高まっています。大幅な見直しのポイントとしては、①掛け金の上限額引き上げ、②加入可能年齢の引き上げ、③受け取り時のルール変更が挙げられます。

同制度は、毎月の掛け金がすべて所得控除の対象になってその分だけ所得税の負担が抑えられるうえ、運用によって得られた利益も非課税扱いになり、60歳以降に受け取る際にも「退職所得控除」や「公的年金等控除」を利用できるという税制上の優遇策が盛り込まれています。つまり、税制が優遇されていることによって、通常よりも有利に老後の備えを準備できる制度だということです。

3つの改正ポイントのうち、掛け金の上限額引き上げについては手放しで歓迎できるものでしょう。現行制度で65歳までとなっている加入可能年齢を70歳未満まで引き上げという見直しについても、定年後も働き続ける人が増えていますし、有利な条件で老後資金の積み立て投資を続けられる期間が延長されることは望ましいことでしょう。

今回、ブーイングが飛び交っているのは、受け取り時のルール変更についてです。iDeCoで運用した資金は60~75歳までの間で希望する時期に受け取りが可能で、一時金として一括で受け取る場合には「退職所得控除」、年金的に分割で受け取る場合には「公的年金等控除」が適用され、その分だけ税負担が軽くなります。

これらのうち、「退職所得控除」の控除額は勤続年数(iDeCoの場合は加入期間)によって変わってきます。さらに、退職金とiDeCoの一時金を受け取るタイミングの違いによっても、控除額が異なってくる仕組みになっています。

退職金よりも先にiDeCoで一時金を受け取る場合、現行制度では「5年ルール」というものが適用されるのです。これは、iDeCoの一時金支払いから5年以上たってから退職金を受け取るのであれば、税制上の優遇をフルに受けられるというものです。この条件を満たせば、退職金にかかる所得税が最大限に控除されますが、5年未満だった場合は控除額が減少してしまいます。

今回の税制改正によって、この「5年ルール」が「10年ルール」に改められました。仮にiDeCoの一時金が60歳時に支払われたとすると、現行では65歳以降に退職金を受け取れば最大限の控除を受けられました。

しかし、2026年1月から「10年ルール」が導入された後は、70歳以降の受け取りでなければ控除額が減少してしまいます。

かつては60歳が主流だった企業の定年退職年齢は、公的年金の支給開始年齢引き上げに伴って65歳へとスライドしてきました。「10年ルール」の導入は、公的年金のさらなる支給開始年齢引き上げ（ひいては定年退職年齢の引き上げ）を念頭に置いたものかもしれません。資産運用においても、こうした国の意向を考慮しながら、出口戦略を練っていく必要があるでしょう。

「手取りが増える」に期待できないワケ

◆賃上げが進んでいるのに手取りが一向に増えないカラクリ

ステルス増税を国民に見透かされて「増税メガネ」と揶揄されたものの、石破政権にバトンタッチするまで岸田前政権が物価高を上回る所得の増加を目指し、賃上げを実現した企業への税制優遇を拡充するなどの策を打ち出してきたことも確かです。大企業を中心に、大幅なベースアップが実現するケースも増えてきました。にもかかわらず、巷では手取りが増えているという実感がほとんど得られていないのが事実でしょう。給与から税金や社会保険料などの「非消費支出」を差し引いた「可処分所得」に物価の上昇分を加味した「実質可処分所得」が増えないことから、依然として個人消費（総消費動向指数）は横ばいで推移し、コロナ禍前の水準まで回復していません（次ページのグラフ参照）。

ただ、この「実質可処分所得」の減少はインフレが主導しているとはいえ、「国民負担」の増加が重い足かせとなって「可処分所得」自体も伸びないことが大きく関係しています。

2020年基準 総消費者動向指数（実質）の推移

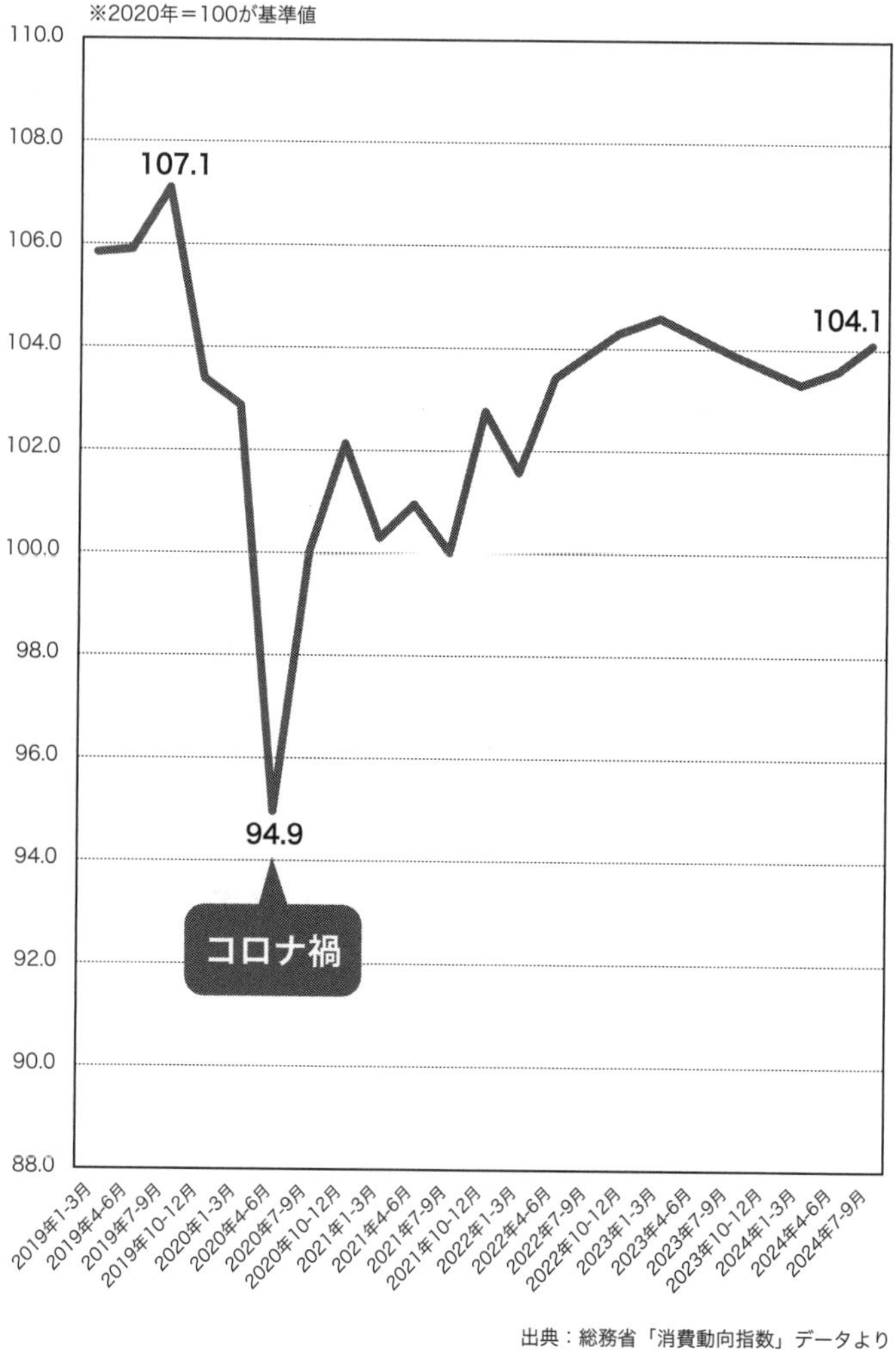

出典：総務省「消費動向指数」データより

そういった状況を物語っているのが「国民負担率」の推移です。

「国民負担率」とは、税金と社会保障費用の負担を合計した公的負担が国民の所得に対してどの程度の割合に達しているのかを示した数値です。「財政赤字を含む国民負担率」とは、この「国民負担」に次世代の人たちが負担することになりうる国の財政赤字を加え、国民の所得に占める割合を表したもので、その別名は「潜在的国民負担率」です。

これまで、日本における「国民負担率」は半世紀近くにわたって上昇基調を続けてきました。次ページのグラフの通り、1975年度の時点では25・7％でしたが、その後はほぼ一貫して増加傾向を続け、2022年度には過去最高値である48・4％にまで達しました。

その後は減少に転じたとはいえ、2023年度が46・1％（実績見込み）、2024年度が45・1％（見通し）と、その程度は微々たるものです。国民が得た所得の半分近くを国が徴収しているので、手取りが増えているという実感が湧かないのは当然だといえます。

今後も続々と新たなステルス増税をはじめとする「国民負担」増加策が待ち受けているので、手取りが増えたことを喜べる日はなかなか訪れそうにありません。

国民負担率の推移

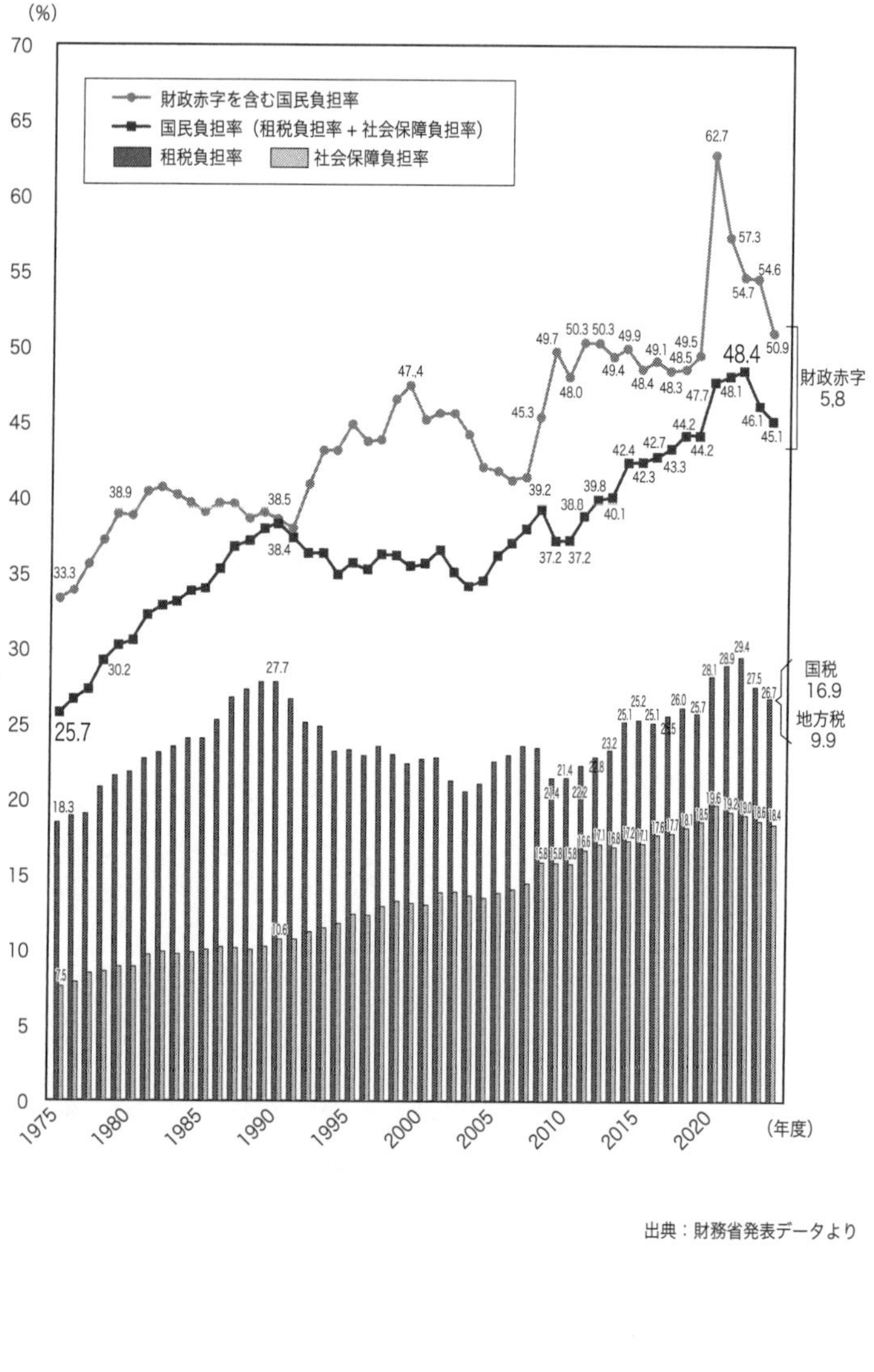

出典：財務省発表データより

◆企業も従業員をあっさり切り捨てるのが当たり前の時代

守ってくれることを期待できないのは、国だけではありません。かつての日本では、従業員は家族も同然であり、定年を迎えるまで大切に守っていくことを誓う経営者も多かったことでしょうが、もはやそれは遠い過去の話となっています。

すなわち、かつては日本企業の間で常識だった「終身雇用制度」と「年功序列賃金」の崩壊です。こうしたことから、大企業を中心に手厚い制度が完備されていた「フリンジベネフィット」にしても、今や大きく様変わりしています。

「フリンジベネフィット」とは、従業員に対して給与以外に供与される経済的な利益やサービスのことです。具体的には、住宅手当や通勤手当、社宅制度、各種福利厚生が該当します。

1980年代末にバブル経済がピークに達するまで、こうした「フリンジベネフィット」はどんどん拡充され、従業員向けの保養施設まで所有する企業も少なくありませんでした。ところが、バブルが弾け散った途端に急激な逆回転が発生し、現在はミニマムな制度整備が主流となっていますし、福利厚生をアウトソーシングする企業も増えています。

「終身雇用制度」と「年功序列賃金」に代わって、日本企業の間で「成果主義」も浸透してきました。もっとも、こちらは実力さえあれば若くして収入を増やせる半面、どれだけ社歴を経ても地位や賃金が上がらないという敗者も生み出すことになります。

また、今の企業は業績不振でリストラが必要だと考えれば、最も負担の重いコストである人件費の削減を躊躇せず進めます。人手不足が深刻化しているとはいえ、不要な人材はあっさり切り捨てるのです。

正社員の場合、企業側の都合で一方的に解雇するのは困難ですが、退職金の割り増しをエサに早期退職を促すのが常套手段となっています。こうして定年を待たず退職した人の間では、転職や起業で成功するケースも出てくれば、再就職を果たせずに非正規雇用で糊口をしのぐしかすべのないケースも出てくるでしょう。

後者のケースに陥っていると、さらなる公的年金の支給開始年齢引き上げは死活問題となってくるはずです。もはや、どのような大企業に就職したとしても、定年を迎えるまで順風満帆の状態で働き続けられるとは限りません。

先々でどのような事態が待ち受けていても路頭に迷うことがないように、今のうちからお金のことで国や勤務先に依存しない意識を持っておくことが重要です。

第4章

七転び八起き私はこうして投信業界に身をうずめた

まんが Episode 4

金融業界との出会い

…ということで
私はこうして
銀行預金の
問題点とともに
将来の幸せに本当に役立つ
投資信託の活用の重要性を
全国行脚して説いて
回っているのです
へえ～
でも、そもそも
どうして
そんなことを
始めたの？
よくぞ聞いてくれました！
今に至る道のりは涙なくしては
語れませんよ！
私、ホントは
ファッション業界で
仕事したかったんです
なんで？
だって…
オシャレ
だから！
軽い…
時は1986年、
バブル景気真っ盛り
でしたから日本中が好景気
で浮かれていました
不動産も株式も
どんどん値上がりしていて
銀行や証券会社などの
金融機関は他業種よりも
圧倒的に給料が高く
人気の花形業界でした
バブル知らんけど
←平成生まれ

でも入らなかったんでしょ？
実は私アマノジャクなところがありまして
「皆が金融機関を目指すなら俺は違う業界で活躍してやる！」と思ってしまったんですよ
最先端の流行にも憧れがあったもので
百貨店とか大都市開発とかトレンドを獲得するビジネスに憧れて就職活動をした結果！
それで
それで？
した結果？
西武百貨店を中核に持つセゾングループに入社しちゃったのです
ありがとう！！
じゃあ、今の仕事はアパレル業界からの転身だったんだ
アパレル
投資
¥
¥
それが入社3日目で配属されたのはグループ内の金融子会社の1つだったんです…
あらら結局、最初から金融業界の人だったのね

中野はさっそく
企業が行う規模の資産運用を
実地で学ぶ
ことになり
フム フム
3年目には億単位、
数十億単位の取引を
任されるようになる
当時は「財テク」と称して
多くの企業が金融子会社を
設立して株や不動産の売買で
儲けようとしていた
コケッ
コケッ
ほー
セゾングループは
特に財テクに熱心で
銀行から借金をしてまで
お金を増やすことに夢中だった
よーし
よし

デリバティブ取引のような
複雑な運用にも
大手証券や外資系金融機関の
担当者から学びながら
手を染めていく
おめで
No1
とう！
そして彼はいつしか
子会社の営業利益の半分を
稼ぐトップの運用者に
なっていた——
パチ
パチ
パチ
おおー
しかしやがてバブルが崩壊し
株価も不動産も値下がりし
日本は長い不況に突入する…
あ
あ
あ

なんというか…
仕事がバカらしく
なってしまいまして
お！
爆弾発言！
毎年の決算で
運用成績が評価される
短期投資が本質的とは
感じられなくなって
しまったんです…
というと？
金融の使命は本来
世の中で資金を必要と
しているところに投資をし
世の中をより豊かにすること
への貢献であるはずです
ならば
豊かさに貢献！
もっと長期的な視点で
資産運用ができなければ
意味がないのでは…
と思い始めまして
へ～
言われてみれば
確かに
会社のお金で運用すると
どうしてもすぐに結果を
求められます
この点
個人の資産を
預かる運用なら
個人資金
長期投資で資金を
必要としている企業にも
お金を預けてくれる顧客にも
貢献できるのでは…
と思い始めたのです！
ふーん、それで起業して
今に至ると
顧客
企業

いや！まだまだ紆余曲折はありますよ！
社内プロジェクトとして外資系運用会社とともに始めた投資信託ビジネスは失敗し…
次に投資信託会社の設立を目指しましたが社内闘争に巻きこまれてこれも頓挫し…
クレジットカード会社に異動になりました
あら～
しかし3年後！
金融事業強化プロジェクトに呼び戻されて、2006年セゾングループの投資信託会社として
「セゾン投信」の設立に成功しました！
個人の資産を預かって長期投資を行うというモデルで立ち上げられたわけね
よっ初代社長！
おめでとう
七転八起
…いえ、立ち上げ寸前で降格処分になりまして
ええ～！そこでつまずく？
よくブチ切れて辞めませんでしたね
それは、この方がいてくれたからこそ

ずっとお世話になっていたのが澤上篤人さんでした
澤上篤人（さわかみ投信株式会社 創業者）
「さわかみ投信」という金融機関に所属しない完全独立の投資信託会社を立ち上げた方で私の夢をずっと応援してくれていたのです
ほーーっ
私が追い出されたのは幹部陣から「個人に直販する投資信託なんて儲かるわけがない」という強固な反発に遭ったからなのですが…
反対派全員分昼飯のアポ取れ！
俺が反対している人間を片っ端から説得してやる！
と、反対する幹部連中たちにじかに掛け合ってくれようやく私の立場が回復したのです
澤上さんには足を向けて寝られないね
当然です
で、あとは順調に今に至る……？
あ、でも中野さん自分で会社を作っているのか…ということは…
ええ波瀾万丈はまだまだ続きます！

「長期・積立・分散」の投資信託を個人投資家に広める志を立てる

◆2023年春、「つみたて王子」に大きな転機が！

私は2006年にセゾン投信を創業して以来、預金一辺倒の資産管理からの脱却と長期投資の必要性を訴求する活動を続けてきました。全国津々浦々に足を運んで個人投資家の方々を対象としたセミナーを開催するとともに、マスメディアでも積極的に情報発信を行うことで、短期的な相場の浮き沈みに翻弄されない「長期・積立・分散」という投資スタイルが日本にも定着することを目指してきたのです。

長年にわたる地道な活動を続けてきた結果、セゾン投信に大切な資金の運用を託してくれる個人投資家の方々は着実に増えていきました。そして、いつの頃からか私自身も「つみたて王子」とのニックネームで呼ばれ始め、今では「長期・積立・分散」という投資スタイルのエバンジェリスト（伝道師）として広く認知してもらえるようになっています。

ところが、２０２３年の春に私は大きな転機を迎え、丸16年間代表を務めたセゾン投信を離れることになりました。その年の9月には新たな資産運用会社である「なかのアセットマネジメント」を設立し、翌年の４月から２本の投資信託の運用をスタートしています。

この章では、私が投信業界に身をうずめてから、新会社設立と新ファンド設定に至るまでの経緯について説明しておきたいと思います。

◆唐突にセゾン投信会長職の退任を命じられる

２０２３年の4月上旬、私はクレディセゾン会長ＣＥＯ（最高経営責任者）の林野宏氏に呼び出され、サンシャイン60の52階にある会長室を訪ねました。すると、彼は顔を合わせるや否や、唐突に私に対してセゾン投信会長職の退任を命じました。

会社を大きくすることしか考えていなかった林野氏には以前から「早く会社の規模を大きくしろ」とハッパをかけられていたものの、一方的な退任の命令はまさに〝青天の霹《へき》靂《れき》〟です。「長期・積立・分散」という投資スタイルについて共感していただくことでファンドの運用残高を増やし、セゾン投信という会社の価値を高めることに貢献してきたと自負していただけに、「あなたがジャマだ。あなたがいたままだと、セゾン投信は大きくなれない」と罵倒されたことは大きなショックでした。

セゾン投信で立ち上げたファンドは大切に育ててきた我が子のような存在で、突如として自分のもとから引き離され、私の存在価値さえも完全に否定された直後は、なかなか現実を直視できませんでした。

けんもほろろに私を追放した林野氏はいわゆるワンマン経営者で、セゾン投信も彼の専従会社にしたくなったのでしょう。とはいえ、実は私がセゾン投信を設立した際に、後ろ盾となってくれたのも林野氏でした。ここで、時計の針をセゾン投信誕生前の頃まで戻します。

大学卒業とともに旧セゾングループに入社し、その金融子会社の1つに配属された私は、グループ資金の運用業務を経て、外資系運用会社とアライアンスを組み、個人向け投資信託「未来図」を立ち上げました。決算ごとに結果を求められる短期目線の法人資金運用で、大きなストレスを抱えたことがそのきっかけです。

その点、決算という束縛のない個人の資金であれば、資産運用の理想形である長期投資を実現できるのではないかと考えました。そして、個人が長期のスパンで資産を形成するためのツールとして投資信託に注目し、その運用会社の設立を模索し始めたのです。

ところが、当時の投資信託委託業（投信の設定・運用業務）は免許制で、大手金融機関の系列でなければ事実上参入できないというシビアな現実と直面。運用会社設立の代替として考案したのが、外資系運用会社との共同運用による「未来図」でした。

1999年の募集開始直後は運用残高が順調に増えていったものの、その約半年後に想定外の解約ラッシュが発生します。その頃の投信業界では、次から次へと顧客を新しい投資信託へ乗り換えさせて販売手数料を稼ぐという「回転売買」が蔓延《はびこ》っていたからです。

◆「さわかみファンド」の澤上氏による叱咤激励

資金流出を食い止められず、最終的に「未来図」は中途償還を余儀なくされ、私は大きな挫折を味わいました。しかし、澤上篤人氏から叱咤激励を受けて、私は再び運用会社の設立に向けて立ち上がります。

澤上氏はほぼ同じ時期に当時としては異例の完全独立系の運用会社を数多の困難を経て

立ち上げ、独自の「さわかみファンド」を設定・運用。自社による直販でその運用残高を伸ばしていました。旧知の雑誌編集者の紹介で澤上氏と話す機会を得た私は、初対面であるにもかかわらず、「未来図」が失敗に終わってしまった悔しさや、長期投資に対する自分の情熱などについて切々と訴え続けました。そこで、澤上氏から返ってきたのが次の言葉です。

「おまえはバカだな」

澤上氏は誰に対しても、ざっくばらんに本音で語ってくれる人物でした。「バカだな」と一刀両断にしたうえで、彼はその理由についてこう語ってくれました。

「今のままの投資信託業界では、長期投資の実現なんて到底無理な話。だから、俺は『さわかみファンド』を立ち上げて、直販で売ることにしたのさ」

投資信託を設定・運用するのが自分たちの役割で、その販売は証券会社や銀行などに委ねるものだと思い込んでいた私は、まさに目からウロコが落ちる思いをしました。

澤上氏との面会を機に、直販方式の運用会社を自分で立ち上げたいという思いが、私の中で一気に高まってきました。ただし、金融庁から運用会社の認可を得るためには最低でも1億円の資本金が必要であるうえ、少しでもその下限を割り込むと営業停止になってしまうという高い壁が目の前にそびえ立っています。到底、そのような高額の資金をポケットマネーで工面できるはずがなく、私は意を決して親会社のトップに一通の手紙を書き、思いのたけをぶつけることにしました。

そう、それが林野氏で、当時の彼はクレディセゾンの社長に就いていました。要約すると、手紙に書いたメッセージは次のような趣旨のものです。

「長期投資が絶対的な資産形成の正義であること、誰もが長期投資を始めれば日本の社会も変わるであろうこと（ただし、それを実現した前例が見当たらないこと）」

その数日後、林野氏のほうから連絡があり、こんな一言が飛び出したのです。

「おもしろい。やろうじゃないか！」

もっとも、それからの道のりは決して平坦ではありませんでした。2000年から運用会社の設立に向けて行動を開始し、金融庁の認可を得るための事業計画や商品コンセプトの策定に取り組みました。ようやく2002年に仮認可の段階までたどり着き、申請書を提出すれば約1カ月後には正式決定が得られるというタイミングになったところで、まさかの展開が待ち受けていました。

◆投資顧問会社トップに就任した人物の〝ちゃぶ台〟返し

林野氏が新会社のために外部から招聘して投資顧問会社のトップに就任した人物がいきなり〝ちゃぶ台〟をひっくり返したのです。外資系の大手銀行でリテール部門を担当していたというその人物は、運用会社が投資信託を直販することで日本に長期投資を根づかせていく意義について、まったく理解を示さないばかりか、次のように豪語しました。

「俺は儲かる事業しかやらない。証券会社を設立して、人気の投資信託を売りまくる！」

そして、2年もの歳月を費やして取得した投信会社の仮認可を金融庁にあっさり返納してしまい、新たに証券会社のライセンス取得に向けて動き出しました。こうしたトップの号令の下、社内ですっかり孤立してしまった私は親会社のクレディセゾンのクレジットカード部門へ異動となり、転職も考えるようになりました。

しかし、「辞めずに我慢していれば、必ずチャンスはまた訪れる」と澤上氏からも励まされ、親会社で業務をこなしながら資産運用先進国である米国の投資信託事情などを調べ、次のチャンスを待ち続けていました。捲土重来の機会が訪れたのは2005年のことでした。

当時のクレディセゾンはローンや保険などの金融サービスを手掛ける子会社をいくつか

傘下に抱えていたものの、いずれも中途半端で、うまくいかずそこで打開の一手として私に白羽の矢が立ったわけです。

林野氏いわく、金融関連のビジネスなら何をやってもいいとのことだったので、私はずっと温めてきた運用会社の設立を提案しました。

林野氏にとってこの新規ビジネスの立ち上げは、あくまでクレディセゾンとしての事業規模を拡大するための一手にすぎなかったはずで、長期のスパンで取り組む積み立て投資の意義や魅力についてどこまで理解してもらっていたのかは定かでありません。それを承知のうえで私は、「日本に長期投資を浸透させる」という自分の理想を実現するために、クレディセゾンから資本提携を受けようと考えていました。思えば、セゾン投信が船出した時点から、両者の間には大きな食い違いがあったのです。

2007年3月に運用をスタートした時点で、セゾン投信に集まった純資産残高は8億9800万円にすぎませんでした。販売会社に依存しない直販のスタイルを貫いているため、急ピッチで拡大していくことは期待しづらいのが現実です。しかも、購入手数料を徴収しないノーロードでの販売だったことから、最初のうちはなかなか収益を上げられず、赤字が積み上がっていきました。

とはいえ、直販によるノーロード販売というビジネスモデルを選択した時点から、序盤の苦戦はわかりきっていたことでした。当面は親会社のクレディセゾンによる増資で乗り切ることが大前提だったわけですが、その取締役会で毎年私は役員たちから集中砲火を浴びました。「一刻も早く収益化せよ」と詰め寄られたうえ、増資についても難色を示され、毎回1年後に債務超過に陥りうるという金額しか応じてもらえませんでした。

「収益化」を詰められる日々 そこに助け船が！

◆日本郵便の出資が決まり、一気に資本が増強！

クレディセゾンから早期の黒字化を突きつけられながら、コツコツと残高を積み上げていく状況が数年間続きましたが、２０１４年に思いがけない話が舞い込んできました。日本郵便からセゾン投信に対し、出資の申し出があったのです。

当時の私としては喉から手が出るようなありがたい話だったものの、その一方で警戒心も抱いていました。出資の受け入れを機に、ゆうちょ銀行でセゾン投信のファンドが私たちの本意ではないスタンスで販売されることを懸念していたからです。

ところが、日本郵便の高橋亨社長（当時）は、きっぱりと私にこう言いました。

「当社がセゾン投資に出資するのは、ビジネスのためではない。経営に関して中野さんの邪魔をしないし、セゾン投信の価値は必ず守る」

ともかく、親会社のクレディセゾンにとっても日本郵便との関係強化は好ましい話なので、交渉は円滑に進んで2014年10月にはセゾン投信の株式を40％保有することが正式に決定しました。そして、「郵便局の文化を変えてほしい」という高橋社長の要請に応えて、私は全国各地の郵便局を行脚し、投信販売の社会的意義について郵便局員に説明するという伝道師的な活動に無償で心血を注ぎました。

日本郵政グループの収益面に直結するような資本提携ではなかったため、この出資の目的を疑問視する声は少なくありませんでした。「お金を出してやっているのだから、子会社は親会社の事業に貢献すべきだ」という考え方はもはや時代錯誤のものでしたが、林野氏をはじめ、当時の世間では昭和的な発想が根強く残っていたようです。

しかし、平成以降の出資元と出資先の関係とは、そのような近視眼的なものではなく、大局観で捉えるべきものだといえるでしょう。セゾン投信はクレディセゾンの子会社ではあるものの、グループの経営基盤（カード会員）とはまったく異なる顧客を開拓し、キャッシュフローを生み出してきました。こうしてセゾン投信の企業価値が高まっていけば、親会社であるクレディセゾンや出資元の日本郵便にも相応のベネフィットをもたらします。

◆カード会員向けの投信販売構想で対立が深まる

日本郵便の出資で資本が強化されたのを境に、セゾン投信の運用残高はピッチを上げて増えていきます。経営が軌道に乗ってくればお互いにもっと理解し合える関係になると私は思っていたのですが、むしろ林野氏との対立は深刻化していきました。

今になって振り返れば、運用資産が２０００億円を突破した２０１７年頃から林野氏と私の考えはすれ違っていったと思います。彼はカード会員向けのサービスを充実させる手段の１つとして、セゾン投信を活用しようと考えていました。具体的には、ポイントの付与をインセンティブにして、カード会員にセゾン投信の商品を販売することを構想していたのです。

確かに、ファンドの運用資産を一気に拡大する効果は期待できるでしょうが、私には絶対に容認できないアプローチでした。私たちの運用方針について納得し、長期のスタンスで資金を投じ続けていくお客様を地道に獲得していくことがセゾン投信の使命であり、ポイントをエサに購入を促すのは本懐ではないからです。

当初、私のことを全面的にサポートしてくれた林野氏には今でも深く感謝していますし、その恩は決して忘れていません。顧客の利益をないがしろにした「回転売買」の横行という投信業界の奇妙な慣習を正そうとしている私の志を面白がり後押ししてくれていたことも間違いないでしょう。

◆楽天証券との協業を巡ってスタンスの違いが決定的に

しかしながら、直販を中心とした長期・積立・分散投資というセゾン投信のビジネスモデルをどこまで理解してくれているのか、林野氏との会話の端々で疑問に感じてしまうこ

「長期・積立・分散」の確立を目指した中野晴啓の歩み

1963年	東京都に生まれる
1987年	明治大学卒業後、セゾングループ入社。グループ内金融子会社に配属され、法人資金の運用を担当。その後投資顧問事業に改変し、運用責任者として国内外契約資金を運用
1997年頃	「短期で結果を出す」機関投資家の限界を感じる。長期投資に興味を持つ
1999年	外資系運用会社とともに投資信託「未来図」を立ち上げるも失敗。さわかみ投信創業者・澤上篤人氏と出会い、薫陶を受ける
2000年	投資信託会社の免許取得のために動き始める
2002年	投資信託会社の仮認可取得までこぎ着けるも社内闘争に巻き込まれ、仮免許を金融庁に返納されてしまう。左遷人事でクレジットカード事業へ異動
2005年	セゾングループの金融事業強化プロジェクトに呼び戻される。再度投信会社設立に向け動き始める
2006年6月	セゾン投信設立
2007年4月	セゾン投信社長に就任
2014年10月	セゾン投信、日本郵便の出資を受け入れる
2020年6月	セゾン投信会長CEOに就任
2022年3月	セゾン投信の運用残高が5000億円を突破する
2023年6月	セゾン投信会長CEOを退任。事実上の更迭人事
2023年9月	なかのアセットマネジメント設立

とも多々ありました。私と彼との間でスタンスの相違が決定的になったのは、２０１８年から導入された「つみたてＮＩＳＡ」で楽天証券との協業を進めようとしたことでした。

それまでセゾン投信は直販のスタイルを貫いてきましたが、私は「つみたてＮＩＳＡ」のスタートを機にその方針を部分的に転換し、長期投資の考えを共有できる販売会社には私たちの投信を提供することにしました。その名の通り、「つみたてＮＩＳＡ」は長期的にコツコツと投資を続けていくことを前提とし、販売手数料も徴収できない仕組みになっているため、セゾン投信の理念と合致すると考えたからです。

長期投資を重視している販売会社の中でも、楽天証券はＳＢＩ証券とともにネット証券業界で最大規模の投信販売インフラを構築しており、しかも、同社の楠雄治社長とは長期投資に対する考え方で一致する部分が多く、２００１年に「ｉＤｅＣｏ（イデコ：個人型確定拠出年金）」が導入された時点から同制度向けにセゾン投信の商品を提供していました。

ところが、「つみたてＮＩＳＡ」における楽天証券との協業に関しては、林野氏から「待った」の声がかかったのです。おそらく、クレジットカード事業において楽天カードがクレディセゾンからシェアを奪う熾烈な競合関係にあることから、いわばライバルと手を組むなんて言語道断だと思ったのでしょう。

2023年6月の株主総会を最後に退任へ

楽天証券との協業を巡る対立を境に、林野氏は露骨に私の外堀を埋めていきます。2020年6月、すべては彼の意向で、私の肩書はセゾン投信代表取締役社長から会長兼CEOに変わりました。依然として代表取締役ではあったものの、経営の最前線から退かせようとしたのです。さらに、セゾン投信の幹部を懐柔する一方でクレディセゾン本体から人材を派遣し、自分のイエスマンで固めていきました。

そのうえで、私は林野氏から呼び出しを受けました。そう、ここから冒頭で触れた2023年の4月上旬の話に戻ります。一方的な解任の告知だったので、会談はわずか15分程度で終わりました。彼と直接会話を交わしたのは、それが最後になりました。

通告を受けた直後は茫然自失となったものの、私は素直にセゾン投信から身を引くつもりはなく、打開策についてあれこれ模索してみました。クレディセゾンはセゾン投信の6割の株式を保有して支配権を握っていますが、残る4割の株主である日本郵便に働きかけて私の解任を思いとどまらせるというのがその1つです。また、クレディセゾンの保有株を買い取ってくれる会社を探すことも考えたのですが、いずれも時間的猶予があまりにもなく、実現には至りませんでした。結局、同年5月31日のセゾン投信取締役会において私の退任が決定し、6月28日の株主総会を最後に古巣を去ることになりました。

◆「受託者責任」を負っている以上、数値目標は掲げられない

直販を軸に地道な活動を続けた結果、2020年にセゾン投信の運用資産は3000億円を突破し、2022年には5000億円台に乗せました。さらに、2023年には6000億円に到達したのですが、林野氏にとっては満足できる規模ではなかった様子です。つねづね彼はネット証券最大手クラスの投信残高を意識し、5兆円や10兆円といった大台の達成を求めてきました。私自身もいずれは1兆円を超えるような規模まで伸ばしていくビジョンを抱いていましたが、セゾン投信の志に共感していただいた方々に的を絞って販売している以上、けっしてそれは一朝一夕に叶うものではありません。そして何より、明確な数値目標を掲げてその達成を追求した時点で、私が理想として掲げる長期スパンの資産運用には結びつかなくなってしまうでしょう。

セゾン投信のような投資信託の運用会社に与えられた役割は、顧客から大切な資金を預

かり、それを適切に運用していくことです。他者の信認を受けて裁量権を行使している私たちは、極めて重い「受託者責任（フィデューシャリー・デューティー）」を負っているわけです。特に運用会社が顧客のお金を直接預かっている直販の場合は、数値目標（ノルマ）を掲げた規模拡大と顧客本位の姿勢を両立させることは不可能だといえます。林野氏には、「受託者責任」が本当に意味していることについて、最後まで理解してもらえなかったと思います。

「不本意な退任」そして自ら運用会社を設立へ

◆取締役会で決定した翌日、「不本意な退任」とメッセージを発信

一方で、私が最も反省すべきは、親会社と方針が大きく食い違ってきたことが明確になっ

ていたにもかかわらず、その解決を先延ばしにしてしまったことです。親会社との対立リスクに対し、その回避策を事前に講じておくべきでした。

さらに、私の言葉を信じて大切なお金を託してくれた投資家の方々にも深くお詫びしなければなりません。私が唱えてきた長期投資は20年、30年といった歳月を費やして取り組むべきもので、だからこそ、私は投資家の方々にこう訴えかけてきました。

「私の考えやセゾン投信の企業風土はきちんと次の世代にも引き継いでいきますから、いっしょに未来を創っていきましょう」

しかし、親会社のトップから一方的に通告され、誠に不本意なかたちでの退任となってしまいました。

その結果、親会社しか見ていないセゾン投信幹部が運営をすることになった会社に私の考えやそれまでのセゾン投信の企業風土が今後も受け継がれていくことはお約束できなくなりました。「受託者責任」を負っている立場にあるだけに、そういった状況になっていることを直ちにお伝えするため、私は取締役会で退任が決まった翌日に、メディアを通じて「不本意な退任」という一言だけのメッセージを発信しました。

◆新たな運用会社を設立し、次なるニーズに応えるファンドを設定

私の退任が公になると、その事実を知った方々から数多くの激励の声を頂戴しました。資産運用の世界で自分がまだまだ必要とされていることを実感するとともに、期待に応えて「長期・積立・分散」の運用を実践できる新たな選択肢を提供することが私の使命だと感じました。

そこで、退任から約3カ月後の2023年9月に立ち上げたのが「なかのアセットマネジメント」です。新会社を設立する際には、2つのことにこだわりました。

その1つは、前職時代に築き上げたビジネスモデルを、さらにアップデートさせることです。2006年のセゾン投信設立時には、特定の株価指数に連動するように設計されたインデックスファンドを採用しました。投資経験がない人でも理解しやすい仕組みですし、当時はまだ日本にインデックスファンドがさほど普及していなかったからです。

しかし、2018年に「つみたてNISA」が導入された頃から日本でもインデックスファンドへの投資が浸透し始め、2024年1月に新NISAがスタートしてからは投資の王道的な存在になっています。こうした情勢の変化を見据え、私が新たに提供すべきも

のは、次なる世の中で必要とされるであろうファンドだと考えました。

それは、組み入れる銘柄を厳選することでより高いパフォーマンスを追求するアクティブファンドで、マーケットの平均的な推移を着実に享受するインデックスファンドの対極に位置づけられるものです。次代のニーズがアクティブファンドであることの理由や、新たに設定した2本のファンドの詳細については、次の章で述べることにします。

◆「複数議決権」の採用によって、運用の独立性を担保

「なかのアセットマネジメント」の設立においてこだわったもう1つのことは、相互理解がしっかり得られる株主からの出資と経営権の確保です。前職で翻弄されたことを教訓にして、顧客の利益を最優先する「受託者責任」を全うできる体制を整えるようにしました。

昨今、日本の金融業界でも「受託者責任」を重んじる風潮が強まりつつあります。しかしながら、まだまだ道半ばで脆弱であるのが実情で、株主が100％の理解を示してくれない限り、「受託者責任」は成立しません。米国では早くも1974年に運用会社による利益相反取引を規制する「エリサ法」が制定されていますが、今の日本ではそういった法

整備も手つかずのままです。

このような現状を踏まえて、私は運用の独立性を担保することを目的に、「なかのアセットマネジメント」では「複数議決権」を採用することにしました。「複数議決権」とは、1株に複数の議決権を付与することです。この仕組みを用いることで、創業者である私は他の出資者よりも多くの議決権を持てるようになります。その結果、過半の議決権保有を各株主が認めて下さり、初志貫徹で会社やファンドの運営を進められるガバナンスが実現できました。

一方、新会社では直販を前提とするビジネスモデルの見直しも図りました。内容が大幅に拡充されたとはいえ、依然として1つの金融機関でしかＮＩＳＡ口座を開設できないのが現行制度の大きなネックです。こうした制約は、明らかに直販方式の投資信託にとって不利に働きます。そこで、「なかのアセットマネジメント」が設定・運用する2本のファンドは、販売会社を通じて提供することにしました。とはいえ、あくまで当社のファンドを提供するのは、私が一貫して長期投資の理想に共感し、相互に理解し合える関係を構築できる販売会社に限定する覚悟ですし、何より直販モデルと同様に、自らが長期投資顧客を1人ひとり導いていくため、全国行脚して共感の輪を拡げていく活動に注力を続けています。

第5章

長期投資、ほったらかし投資の罠

まんが Episode 5

投資信託のメリット

今の時代 預金を銀行に ほったらかしておく 場合ではないんですね～
でも投資といえば やっぱり株だよね
「100万円の貯金を 1億円にした」みたいな 大逆転！ 憧れちゃうな～
ホホホ…
それは危険な 考え方ですよ！
えっ
たしかに巷には 「株投資で低年収から お金持ちに！」といった 情報が溢れていますし 憧れるのは わかりますが
イエ～イ
ごくレアケースだと 思った方がいいでしょう
自分で銘柄を選んで 株を買って 損をしている人は たくさんいます
情報に踊らされて 買うべきでない 銘柄を買ってしまう 人も少なくありません
しかも株投資は 安い銘柄の購入から 始めるとしても
ある程度の 結果を出すには 100万円くらいの 軍資金が必要でしょう
100万円
貯金を全額 ツッコむのは… コワいです

せっかくなので投資信託のメリットについてお伝えしておきましょう!
4つありります!
まず①少額からスタートできること
投資信託なら月1万円、2万円といった金額の積立からスタートすることができます
そのくらいで結果を実感できるなら私にも手軽な印象です
¥10000
¥10000
¥10000
¥10000
100
さらに②分散投資ができることも投資信託の大きな強みです
投資にはリスクがつきものです
例えば株投資で1つの銘柄に投資資金を全部注ぎ込むことは非常に危険です
よしよし
コッコッ
¥10000
突然の病死!
投資資金パー
いやああ
¥10000
¥10000
¥10000
¥10000
株式投資を自分でする場合投資先を分散するならその分、資金が必要です
この点、投資信託なら自動的にそれが行われています
投資信託の商品が分散投資を前提にしているということね
Aさんの農場
Bさんの農場
Cさんの農場
資金
資金
資金
卵
卵
卵
なるほど!

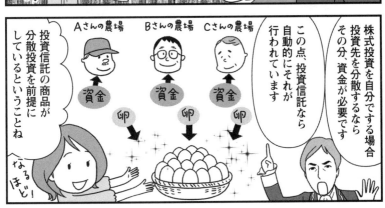

しかも③そのような分散投資をプロが行っているというのも重要です
株投資では広く深く情報を分析することが必要ですが非常に大変ですそれらのプロが…
ファンドマネージャーとリサーチアナリスト
素人では闇雲になりがちな分散投資を科学的・合理的な根拠で行います
fund manager
運用チーム次第でパフォーマンスが変わるわけですが――
2024年11月時点で日本の上場企業は3993社です「どの会社に投資すべきか」を的確に判断するのはいずれにせよ至難の業です
in
out
たしかにそれは専門領域ですね銘柄の内容のメンテナンスもあるわけでしょ?
それを毎日はできないや
は～～
で最後のメリットは?
④積立投資が簡単にできる点ですつまり「いつ買うか、いつ売るか」を気にすることなく
毎月決まったペースで一定の金額分を購入する形で投資額を増やしていくことができるのです
IN
OUT

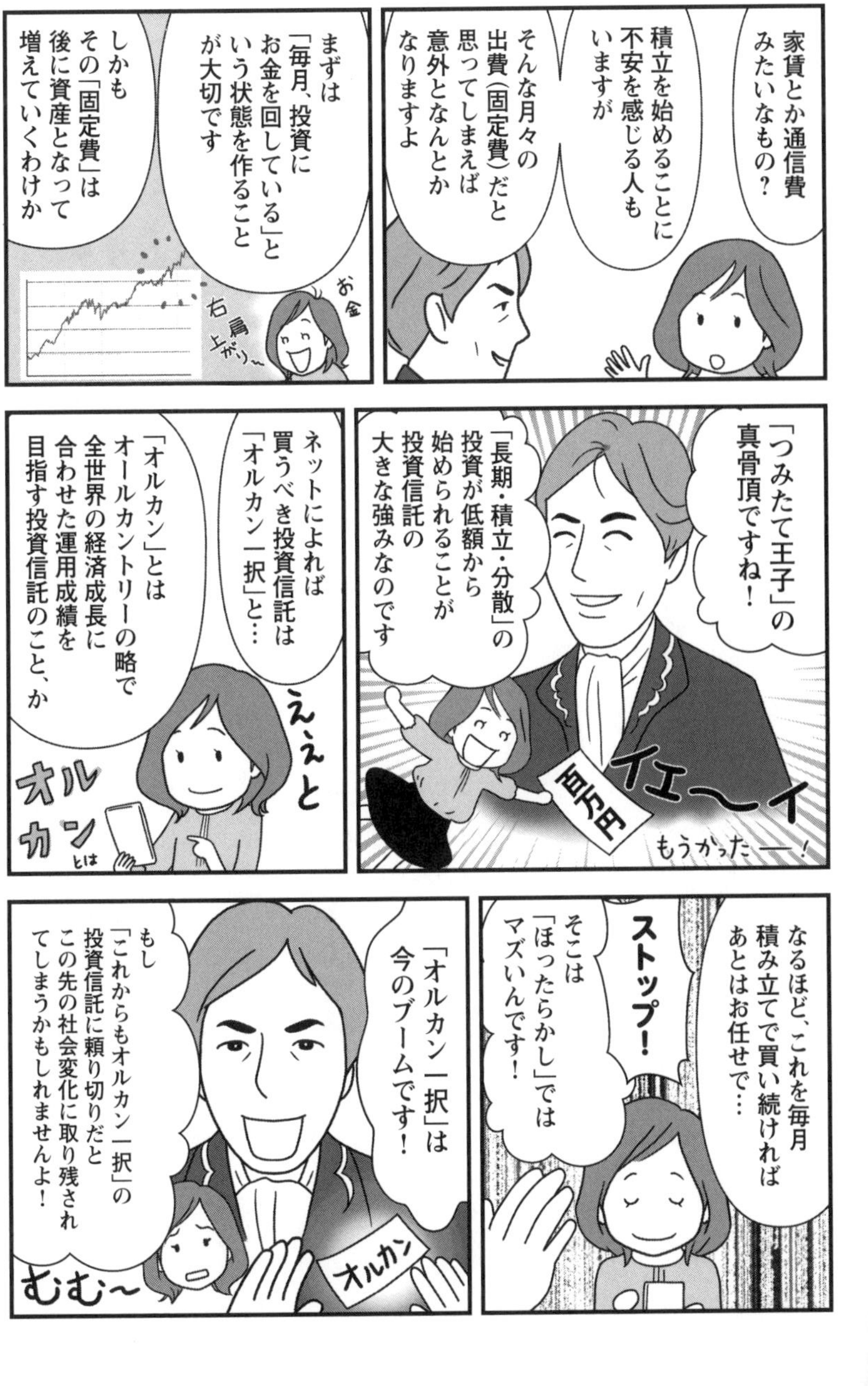
家賃とか通信費みたいなもの？
積立を始めることに不安を感じる人もいますが
そんな月々の出費（固定費）だと思ってしまえば意外となんとかなりますよ
まずは「毎月、投資にお金を回している」という状態を作ることが大切です
お金
右肩上がり〜
しかも その「固定費」は後に資産となって増えていくわけか
「つみたて王子」の真骨頂ですね！
「長期・積立・分散」の投資が低額から始められることが投資信託の大きな強みなのです
イエ〜イ
百万円
もうかった——！
ネットによれば買うべき投資信託は「オルカン一択」と…
ええと
「オルカン」とはオールカントリーの略で全世界の経済成長に合わせた運用成績を目指す投資信託のこと、か
オルカンとは
なるほど、これを毎月積み立てで買い続ければあとはお任せで…
ストップ！
そこは「ほったらかし」ではマズいんです！
「オルカン一択」は今のブームです！
もし「これからもオルカン一択」の投資信託に頼り切りだとこの先の社会変化に取り残されてしまうかもしれませんよ！
むむ〜
オルカン

「これを買っておけば安心」の資産運用はあり得ない

◆「ずっと保有し続ければ成果が得られる」は大きな誤解

資産運用の世界には、「バイ・アンド・ホールド」と呼ばれる投資戦略があります。簡単にいえば、買ったらずっと保有し続けるというものです。

長期投資の原点ともいえる戦略ですが、大きな誤解を招いている側面もあると思います。

私の大恩人であるさわかみ投信会長の澤上篤人氏も、マスコミのインタビューなどで「株式投資で成功するには？」と質問されると、いつもこう返答しています。

「簡単だよ。ここなら応援できるという企業の株を買って、ずっと持っていればいい」

澤上氏の言葉を真に受ける（単純に解釈する）と、アテが外れて失敗しかねないでしょうね。「ここなら応援できるという企業」という部分に深い意味があり、冒頭で触れた「バイ・アンド・ホールド」の戦略においても、そういった銘柄をターゲットにするからこそ、保有し続けることで大きな成果を期待できるのです。

残念ながら、個人投資家の多くは「ここなら応援できるという企業」以外の銘柄を長期保有しているのが実情です。「待っていれば、いつか本格的な上昇に転じる」と信じ、買値よりも株価がかなり下がっても、我慢強く持ち続ける個人投資家が少なくありません。

◆原発事故以降、長期低迷を抜け出せていない東電HD株

いわゆる〝塩漬け株〟です。その具体例として、2016年5月に刊行した拙著『長期投資のワナ〜ほったらかし投資では儲かりっこない』（宝島社）でも取り上げた東京電力ホールディングスに、改めて焦点を当ててみたいと思います。

この株は2011年3月10日時点の終値は2153円でした。すぐにピンときたかもしれませんが、東日本大震災の前日です。

未曾有の被害をもたらした大地震の発生とそれに伴う福島第一原発の事故を受け、同社（当時は持ち株会社への移行前）の株価は急落。同年6月9日には148円まで下げ、さ

らに翌年11月13日には上場来最安値の120円をつけました。

その後は反発に転じたものの、すぐに下落色が鮮明になり、再び上昇して2015年の8月1日には939円に達しましたが、その時点で天井をつける結果となりました。

大きな変化が生じたのは、2022年の2月頃からです。世界的にエネルギー・資源の需給が逼迫して電気料金の急激な上昇が社会問題化し、東京電力HDの株価は上昇基調が鮮明になり、2023年の6月頃から勢いがさらに強まって2024年の4月15日には1114円50銭の高値をつけました。

しかし、その先で待ち受けていたのは典型的な下降トレンドでした。なかなか下げ止まらない状況が続き、2025年の1月23日は406円の安値を記録しています。

廃炉に至るまでには30年もの歳月を要し、事故から14年近くが過ぎた今も処理作業が続いているわけですから、株価が大地震発生前の水準を回復できないのは無理もないことかもしれません。東京電力HDの超長期チャート（20年）を見ると、事故後から今に至るまで、株価が低迷局面を抜け出せていないことがわかります。

大震災を機に原発の稼働が止まったことで事業計画に大きな狂いが生じ、同社の収益構造は一変しました。つまり、企業としての本源的価値は根本的に変わったのです。社名は

東京電力ホールディングスの株価チャート(20年・月足)

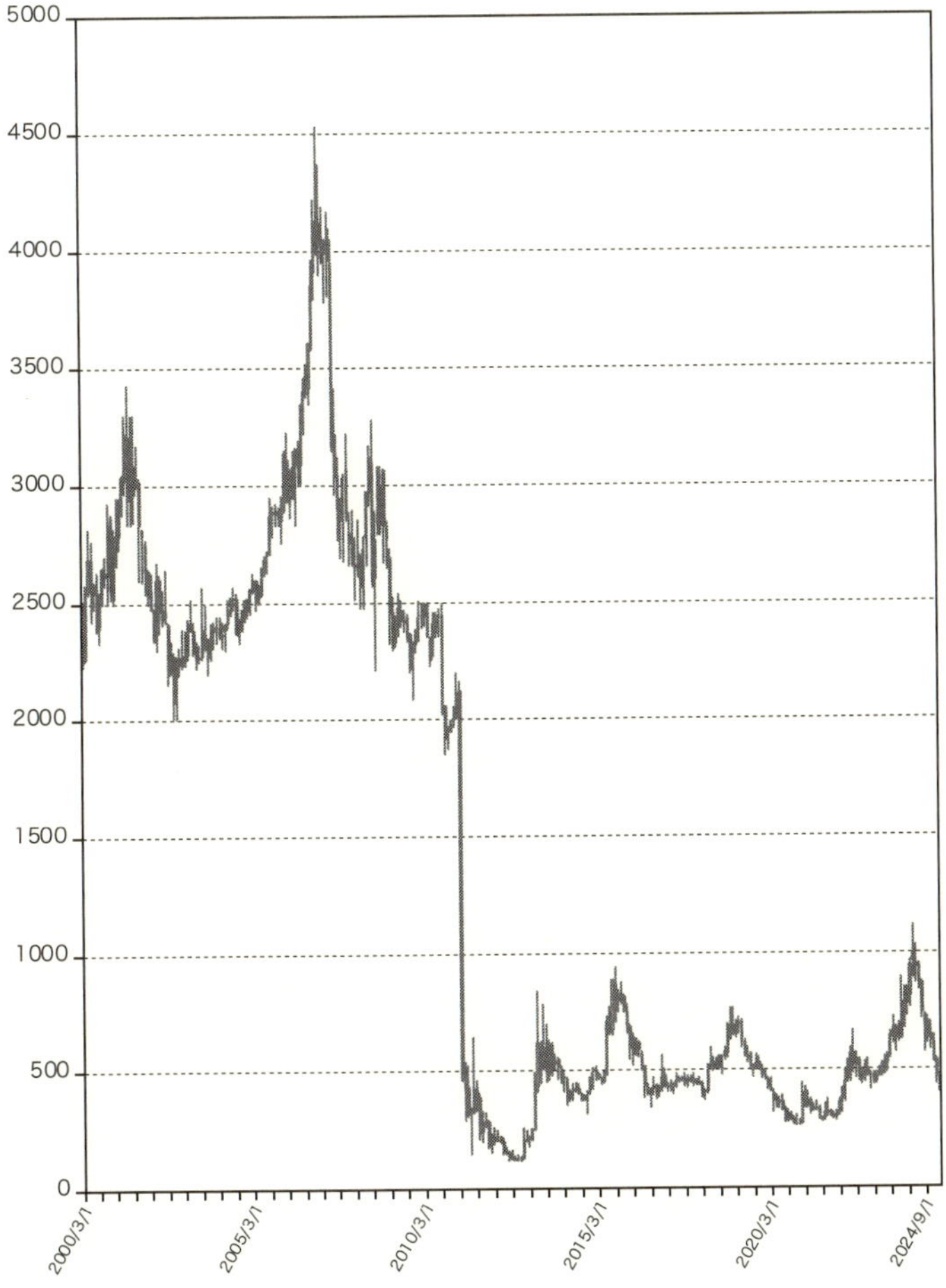

データ出典：株探

変わらずとも、事故前と事故後の東京電力は似て非なるものです。震災前までは「応援できるという企業」「持っていて安心の銘柄」だったとしても、事故に伴って本源的価値は根本的に変わっており、もはやそうではなくなっていることを見逃してはいけません。

事故処理費用や賠償費用が膨らんで有利子負債の比率が高いうえ、再建計画の柱である柏崎刈羽原発6・7号機の再稼働も見通しが立たないのが同社の現状です。にもかかわらず、長期保有を続けることに合理的な根拠は見当たりません。それは「投機」と同じです。

株式投資における合理的な根拠とは、企業としての本源的価値が高く、今後もそれを維持できる可能性が高いことです。澤上氏が口にする「ここなら応援できるという企業」の条件にも、本源的価値の高さが挙げられると私は理解しています。

東京電力HDのように、原発事故を境に本源的価値が明らかに変化したと思われる場合は、速やかに売却すべきです。また、事件や事故などの不祥事が発覚して本源的価値の見極めが困難になった場合も、本当のプロならいったん売却します。

不祥事絡みの銘柄は、長く株価が低迷し続けるケースもあれば、直後は急落してもすぐに反発するケースもあります。業績への影響は軽微だと推察できれば保有し続けるのも一考かと思われがちですが、不祥事が実際に及ぼすダメージをその時点で正確に測定するのは困難ですから、売却するというのが合理的な判断なのです。

インデックス投資信託なら「ほったらかし」でも大丈夫!?

◆個別株と投資信託では、長期投資に対する考え方が異なる

同じく長期投資のスタンスで臨んだ場合も、個別株と投資信託では考え方に違いがあることも知っておいたほうがいいでしょう。個別株の場合は、必ずしも長く保有し続けることだけが正解であるとはいえません。

なぜなら、株価には本源的価値に基づいて算出できる「適正価格」が存在するからです。市場にはオーバーシュート（過剰な上昇・下落）がつきものですが、そういった状況になっても、やがては妥当な水準に回帰します。

したがって、株価が「適正価格」を大きく超えて上昇した場合は、その時点で売却して利益を確定させるのが賢明です。「適正価格」よりもはるかに高くなった株価は明らかにミスプライス（値付けの間違い）であり、その事実に気づいた投資家から売りが出て下落に転じる可能性が高いからです。

これに対し、長期投資の思想に基づいて運用している真っ当な投資信託は、ずっと保有し続けるのが基本であるといえます。その理由の1つに、個別株とは値段の概念が異なることが挙げられます。株価は取引に参加している投資家たちの値踏みによって決まった「市場価格」であり、売り手と買い手の綱引きによって、本源的価値に基づいた「適正価格」よりも割高になったり、逆に割安になったりする動きを繰り返しています。一方、投資信託の値段である「基準価額」は1口当たりの純資産総額であり、あくまで「市場価格」ではなく、そのファンドの規模を示すものです。

割高か割安かを「基準価額」から判断するのは困難です。加えて、「基準価額が高く（ファンドの規模が大きく）なりすぎたから売却しよう」と考えるのは奇妙な行為でしょう。

もう1つの理由として、投資信託の運用にはファンドマネージャーと呼ばれる運用責任者が管理していることが挙げられます。有望な銘柄の発掘、すでに組み入れている銘柄や組み入れを検討している銘柄が割高か割安かの判定、投資配分の見直しなどを行うのがその役割で、ファンドの購入者が自ら頭を悩ませる必要はありません。

さらに3つ目の理由として、大勢の購入者が投資信託をむやみに売るのは得策ではないという事情もあります。というのも、その資金流出によって運用に支障を来すことがあるからです。ファンド側は解約に応じるために、本当はまだ保有し続けるつもりだった資産を現金化する必要が生じたり、資産配分にも狂いが生じたりすることで、運用成績の向上が難しくなるのです。

◆新NISAのスタートとともに、インデックス運用が大ブームに

2018年1月に「つみたてNISA」という制度が導入されたのを契機に、個人投資家の間でじわじわと浸透していったのがインデックス運用でした。市場の平均的な値動きを示す特定の指数に連動するインデックスファンドに、毎月定額の積み立て方式で資金を投じていくというものです。

常に市場の平均的なパフォーマンスを享受できるというわかりやすさと堅実性から、イ

ンデックス運用で初めて投資にチャレンジする人も出てきました。もっとも、それでも裾野の広がりは限定的で、もともと投資に少なからず興味を示していた人たちが中心だったといえます。強烈なインデックス運用ブームが発生したのは、2024年1月に新NISAがスタートしてからです。それまで投資には無関心だった人たちも巻き込み、新NISAの「つみたて投資枠」を通じたインデックス運用が瞬く間に一般化しました。

様々な指数に連動するインデックスファンドが存在していますが、圧倒的人気を獲得したのは、米国の主要な株価指数であるS&P500、グローバルな株式市場の全体的な推移を反映する全世界株式（オールカントリー＝略称：オルカン）に連動するタイプです。

これらの指数に連動するインデックスファンドは数多くの運用会社が設定・運用していますが、いずれも当然ながら同じような推移を示すコモディティ（汎用品）であるため、その中でコストである信託報酬（＝投資信託の保有中にかかる手数料）が最も安い商品に人気が集中しています。確かにインデックス運用は、誰でも気軽に始めやすいものだといえるでしょう。初心者や投資経験の浅い人が最も悩むのは投資信託選びですが、市場全体に投資するインデックスファンドなら、どの指数にするのかを決めるだけで済みます。

そして、選んだ指数に連動するファンドの中で最もコストが安いものにするのも、非常に合理的な判断でしょう。いずれもその指数に連動する運用実績なら、手数料負担による目減りが最も少ないものを選ぶのが正解です。

Ｓ＆Ｐ５００とオルカンに人気が集中したことも、大いに納得できる話です。米国の株式市場は世界最大で各国から資金が流れ込んでおり、世界経済の成長にリンクした運用成果を期待できるオルカンも非常に理解しやすいでしょう。ＮＩＳＡの制度拡充を機に投資を始めた人たちにとって、Ｓ＆Ｐ５００やオルカンに連動するインデックスファンドの存在は、チャレンジのハードルを大きく下げてくれる効果があったといえるでしょう。

さらに、ほったらかし投資が可能なことも、インデックスファンド人気に拍車をかけました。運用実績が特定の指数に連動するので運用状況を注視する必要もなく、自動引き落としで積み立て投資を続けながら、そのまま放置しておけることに魅力を感じた人も多く、「退屈だけど着実」という観点から、ほったらかし投資もブーム化しました。

◆インデックス運用をビジネスモデルの中核に位置づけたワケ

私自身も投資信託業界に足を踏み入れていく過程で、インデックス運用の合理性に納得した一人です。だからこそ、２００６年にセゾン投信を設立した際には、インデックス運用をビジネスモデルの中核に位置づけました。

そのビジネスモデルを選択した理由も、市場全体を全部買うというわかりやすさから、初心者でも臆することなく始めやすいと考えたことにあります。同時に、初心者の多くは、高いリターンよりも納得性を求めているはずだと思いました。

そこで、長い時間を費やしながら、経済成長に伴って自分のお金がそれなりに育っていくというストーリーを提案することにしたのです。前職で立ち上げたファンドのコンセプトは、今後も長きにわたって安定的な成長軌道を描き続けるであろうとの仮説を立てられる世界経済全体に投資するというものです。

資産運用の世界において、国際分散投資と呼ばれている戦略です。当時の日本では個人投資家向けのインデックスファンドがほとんど普及しておらず、そういった意味でも前職のファンドは画期的な存在になるという確信もありました。

もちろん、今でもインデックスファンドを通じた国際分散投資は個人の資産形成において非常に合理的なものですし、新ＮＩＳＡでオルカンが人気を博しているのもうなずけることだと思います。

ただ、インデックスファンド偏重ではこれから先の新たな社会構造に最適に応えていくのは難しいと考え、私は新たに起こした会社でまったくコンセプトの異なる投資信託を立ち上げたわけですが、その話については後述することにします。

◆元来インデックスファンドは機関投資家向けだった

実はインデックスファンドの歴史を遡ってみると、投資に不慣れな人たちのニーズに応えて登場したわけではありませんでした。むしろ、米国のカルパース（カリフォルニア州職員退職年金基金）や日本のＧＰＩＦ（年金積立金管理運用独立行政法人）をはじめとする機関投資家のために考案されたのがインデックス運用です。

年金基金のように巨大なスケールの資金を運用する場合、あまりにも影響力が大きいため、特定の個別銘柄にまとまった資金を投じてしまうと、それだけで株価にインパクトを与えかねません。そこで、そういった懸念もなくマーケットの平均的なパフォーマンスを着実に享受する運用手段として、株価指数に連動するスキーム(仕組み)になったインデックスファンドが考案されたわけです。

それを個人投資家にも門戸を開いたのが米国の大手運用会社であるバンガード・グループでした。創業者のジョン・クリフトン・ボーグルは1975年に同社を設立し、その翌年に世界初の個人向けインデックスファンドを設定しました。そこで、彼は「インデックスファンドの父」と称されています。

◆「インデックス投資以外はすべて邪道」という偏った思想

再び、S&P500やオルカンに連動するインデックスファンドの話に戻りましょう。投資に詳しい人やいち早くインデックスファンドへの積み立て投資を実践している人がブログや動画サイトなどを通じて盛んに情報発信したこともあって、S&P500やオルカンに連動するインデックスファンドは一気に人気化しました。

これからは新NISAの「つみたて投資枠」で選ばれている投資信託で他のファンドを圧倒する支持を獲得していますが、それらの商品性をきちんと理解したうえで投資を始めたのかどうかが疑わしいケースも少なくない様子です。

たとえば、金融機関の窓口を訪ねて、こんな話を持ちかける人がいるそうです。

「ユーチューブで○○って人がイチオシしていたオルカンって、こちらで取り扱っていますか？　新NISAを始めるなら、オルカンの一択だって聞いたもので……」

こうした発言をする人は自分自身で調べてみることもなく、他人の意見を鵜呑みにしてS&P500やオルカンに連動するインデックスファンドを選んでいる可能性が高いといえるでしょう。私はそういった人たちのことを「伝聞投資家」と呼んでいます。加えて、「伝聞投資家」の中には他人の見解をまるで自分の説であるかのように述べる「受け売り投資家」もいます。

困ったことに「受け売り投資家」から別の「受け売り投資家」へと話が広まっていくうちに、あたかも伝言ゲームのように、最初の発信者の見解とは少しずつ齟齬《そご》が生じてしまうケースも考えられます。その結果、インデックス運用以外はすべて邪道であるかのように、かなり偏った論調が広まっている側面もあります。詳しくは後述しますが、「アクティブ運用はインデックス運用に勝てない」説を唱えている人たちの中には、偏った方向からしか分析を行っていない（あるいは、単に他人からの受け売りにとどまっている）ケースが数多く見受けられます。

◆「伝聞投資家」のパニック売りで、「投資から貯蓄へ」の逆流も⁉

新NISAによって急激に投資家層の裾野が広がり、投資信託という金融商品も身近な存在になりました。ただ、先に述べたように「伝聞投資家」が占める割合が高いのが実情で、私はその点が非常に気がかりです。

「新NISAがスタートしたから投資を始めたほうがいい」と誰かに言われて、特に自分自身では勉強したり調べたりすることもせず、「それで何を選ぶのがいいの？」と聞き返したところ、S&P500やオルカンを勧められたというのが「伝聞投資家」に見られがちな行動パターンでしょう。こうして、「よくわからないけど、とにかくS&P500やオルカンがいいらしい」という人が増えていくのです。

私が危惧しているのは、多くの「伝聞投資家」が曲解している可能性があることです。新NISAがスタートしてからどちらの指数もほぼ右肩上がりを描いてきました。言われるままに積み立て投資を始めてみると好調に推移していったことから、「S&P500やオルカンなら必ず上がる」と思い込んでしまった人が少なくないように思われます。

また、私は次のように考えた人のことも心配しています。

eMAXIS Slim 全世界株式(オール・カントリー)の国別配分比

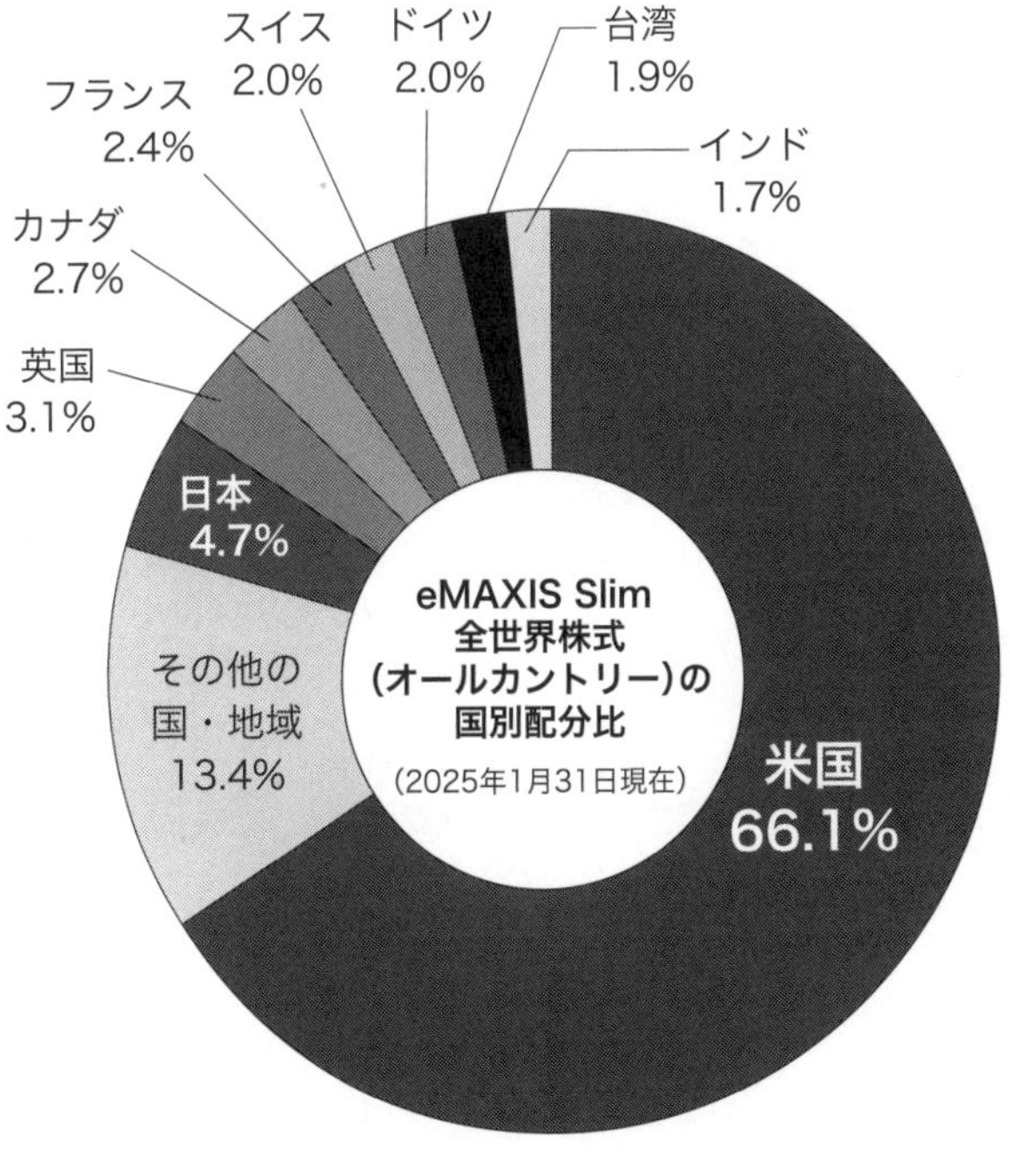

出典：月次レポート（2025年１月31日現在）

「米国一択ではちょっと怖いし、世界全体に投資できるオルカンが無難だろう」

〝世界の株式に投資〟するオルカンですが、その国別配分比をみると、実は米国は6割以上のウエートを占めています。新NISA元年の2024年は米国株の上昇トレンドが続いた一方で、インドやブラジル、中国といった新興国市場は決して好調ではありませんでした。つまり、オルカンの右肩上がりは米国株の上昇によって支えられてきたともいえるわけです。

もしも先々で米国株が下降トレンドに転じたとしたら、S&P500とオルカンがともに右肩下がりで推移していく可能性が高まります。それが現実となった場合、「必ず上がる」と信じ切っていた人たちは、「話が違う！」と思うのではないでしょうか？　そして、「伝聞投資家」からパニック売りが相次ぎ、今度は「投資をやめるブーム」が発生してしまいかねません。長年国が旗を振り続け、新NISAの導入によってようやく「貯蓄から投資へ」のシフトが進み始めたわけですが、その逆流の発生が懸念されます。

◆世界最強の米国株はずっと上昇し続けるという根拠のない予測

長く相場を見てきた人にとっては極めて当たり前のことですが、新NISAで投資を始めた人がイメージしづらい現実があります。それは、株価が下がり続ける局面も訪れるということです。特に米国株に対しては、「下がったとしても一時的な現象にすぎないはず」と思い込んでいる人は少なくなさそうです。しかし、株式市場は必ず上がったり下がったりを繰り返すというのが歴史的事実であり、米国株もその例外ではありえません。

次ページに掲載したグラフは、過去10年間における米国株（S＆P500）の推移を示したものです。2022年はほぼ一貫して下降基調が続いていることがわかります。

さらに遡っていけば、2000年にITバブルが崩壊した後は、2006年に入るまで低迷が続きました。2023年以降、米国株はほぼ一貫して上昇し続けてきたことで、かなり割高な水準に達しているのも事実で、いつ流れが反転しても不思議はありません。

しかも、こうした米国株の独り勝ち状態を牽引したのが半導体メーカーのエヌビディアを筆頭とする生成AI関連や一部のテック企業だったことも気になります。あまりにも期待感が高まったことで、そういった企業の株価が極端な上昇を遂げてきました。

くしくも、米国株がかなり割高な水準に達したタイミングで、再びトランプ政権が誕生したことも懸念材料です。公約通りに高い関税をかければ輸入物価が急上昇してインフレが深刻化する恐れがありますし、前政権を完全否定する方向に動いているわけですから、

S&P500株価指数の推移（10年間）

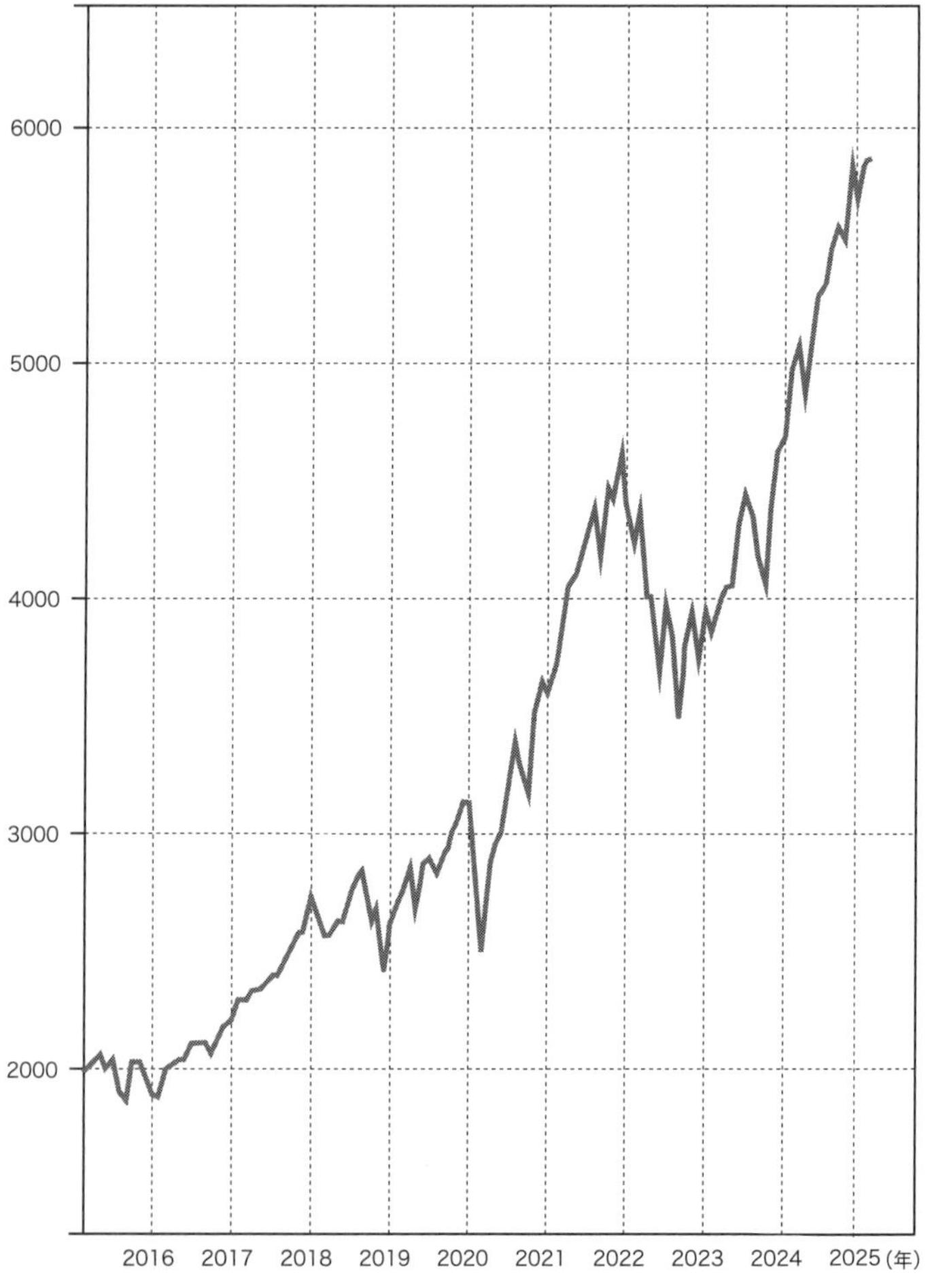

データ出典：株探

これまでの流れをそのまま引き継ぐような株価の推移は考えがたいでしょう。

◆日本のインデックスファンドに生じている歪みがアキレス腱に

S&P500やオルカンに連動するインデックスファンドにおいては、そのコスト（保有中にかかる信託報酬）の設定がアキレス腱（不安要素）となっていることも気がかりです。なぜなら、採算が合わないような水準まで引き下げ競争が激化したからです。

1976年にバンガード・グループ創設者のジョン・クリフトン・ボーグルが世界初の個人向けインデックスファンドを立ち上げた際に、その信託報酬は0・75％に設定されました。当初8年間は資金流出が続いて苦戦したものの、それから米国でインデックス運用が評価されてボーグルのファンドは残高が積み上がっていくようになりました。

資産運用は投資家の利益のためにあり、健全な水準の報酬を差し引いた残りはすべて投資家に還元すべきだというのが彼の信念でした。そこで、ファンドの運用残高の拡大に伴って段階的に信託報酬を引き下げ、現在では0・0938％という世界最低水準に達しています。長い時間をかけながら、採算悪化という経済合理性の欠損を生じさせることなく、世界の投資家に極めて低コストのインデックスファンドを提供しているわけです。

ところが、新ＮＩＳＡで大人気の日本のインデックスファンドは、一気に世界最低水準までの引き下げを敢行しました。日本の個人投資家にとっては嬉しいニュースでしょうが、手放しで歓迎はできません。バンガード・グループとは違い、日本の運用会社がそこまで信託報酬を引き下げることには、かなりの歪み（無理）が生じているのです。日本の株式市場は世界で３番目の規模を誇り、その時価総額は２０２４年12月末時点で約６・４兆ドルです。これに対し、２０２４年５月末時点でバンガード・グループの運用資産は約９・３兆ドルと、日本株の時価総額をはるかにしのいでいます。

米国の投資信託は日本の20倍超にも及ぶ市場規模を誇っており、その中で約９・３兆ドルもの資金を集めるバンガード・グループだからこそ、スケールメリットによって世界最低水準の手数料でも着実に収益を上げられるのです。逆にいえば、日本の投資信託市場は米国よりもはるかに規模が小さく、バンガード・グループと同等のスケールメリットは得られないにもかかわらず、信託報酬では競り合っています。

つまり、無理をしているということです。実は、そういった状況は、２０１８年に導入された「つみたてＮＩＳＡ」がもたらした弊害ともいえます。当時の金融庁は、インデックスファンドなら新規設定であっても積み立ての対象商品としての登録を認めるとの意向を示しました。すると、新規に設定する運用会社が続出。インデックスファンドはいわゆるコモディティ（汎用品）ですから、連動対象としている指数が同じであれば、どの運用会社の商品も代わり映えがしません。唯一の差別化ポイントが信託報酬の料率であったことから、引き下げ競争が勃発して世界最低水準にまでたどり着いてしまったわけです。正直なところ、現状の料率では運用会社にほとんど利益が残らないかと思われます。

「アクティブ運用は使えない」は誤解に満ちている

◆「アクティブ運用はインデックス運用に勝てない」説の不可解

そもそも私は、アクティブ運用とインデックス運用について対立軸構造で優劣を議論することが不毛であると考えていますが、インデックス運用支持派の論調には首をかしげてしまう部分もあるので、あえてここで取り上げたいと思います。

インデックス運用が最良の選択であると主張している人たちは、もっぱら次の4つのポイントを根拠にしています。

①アクティブ運用のほうがインデックス運用よりもコスト（手数料）が割高なこと
②アクティブ運用の長期的な平均実績は市場平均よりも劣っていること
③市場平均をしのぐ実績を達成するアクティブ運用のファンドを購入前に察知できないこと
④アクティブ運用のファンドマネージャーが市場平均を上回るパフォーマンスが得られる個別銘柄を常に選別できるとは限らないこと

①については客観的な事実であり、ファンドマネージャーやアナリストが組み入れ銘柄の調査・選定を行っているアクティブ運用は、さほど手間のかからないインデックス運用と比べて高めの設定になっています。確かにその点は不利であるものの、だからといって市場平均に勝てない普遍的な要因であるとは言い難いでしょう。

②については、かなり乱暴な見方で必ずしも事実とはいえません。インデックス運用においては、特定の指数に連動させるという1つの手法しか存在しませんが、アクティブ運用ではグロース（成長株投資）やバリュー（割安株投資）、ラージキャップ（大型株投資）、スモールキャップ（小型株投資）、などと、多岐にわたる手法が用いられています。

たとえば、同じく日本株を投資対象としているアクティブ運用のファンドであっても、グロースとバリューではターゲット銘柄が根本的に異なっており、両者をひとくくりにして捉えるのはナンセンスです。ところが、「アクティブ運用の平均的な実績は市場平均よりも劣っている」と唱える人は、インデックス運用という1つの手法に対し、多彩な手法が混在しているアクティブ運用を十把一絡げにして強引な実績比較を行っています。

続いて③の「市場平均に勝つアクティブ運用のファンドを購入前に察知できない」ですが、市場平均に連動するインデックス運用とは違い、確かにアクティブ運用のファンドは事前に結果（パフォーマンス）がわかっているものではありません。また、ベンチマーク（目標に定めている指数）に勝てないというファンドが存在するのも事実です。

しかしながら、これまでの運用実績や運用コンセプトを検証してみれば、期待を寄せられるものとそうでないものの大まかな選別は可能でしょう。そもそもアクティブ運用の中には短期的な成果に特化したコンセプトのテーマ型ファンドが多くあり、長期投資設計されていないものは比較対象にはなりません。

④については、市場平均を上回るパフォーマンスが得られる個別銘柄を100%の確率で選び抜けないのは当たり前の話ですし、それを達成する必要もありません。ダメな企業も含めてごっそり買ってしまうインデックス運用と比べれば銘柄を絞り込んでいるとはいえ、アクティブ運用においても分散投資が基本であり、組み入れている銘柄のトータルのパフォーマンスがベンチマークに勝っていればまったく問題なく、それがポートフォリオ運用なのです。

◆インデックスは〝玉石混交〟で、ダメな企業の割合が高い

市場を網羅して銘柄を寄せ集めているわけですから、まさにインデックスは〝玉石混交〟で、ダメな企業まで投資対象となっています。しかも、市場全体に占める優良企業の割合は非常に小さいのが実情です。

たとえば、日本の株式市場の平均的な推移を示すTOPIX（東証株価指数）は、20

00社を超える企業の株価から算出されています。いくつかの条件に基づいて全上場銘柄から対象を500社に絞ったTOPIX500でさえも、2024年6月28日の時点でROE（自己資本利益率）8％未満の企業が全体の4割を占めているのが現実ですから、2000社超の中で優良企業が占める割合が非常に小さいことは推して知るべしでしょう。

なお、ROEは財務指標の一種で、株主から集めたお金（自己資本）を元手に、どれだけ効率的に利益を得ているのかを示しています。この数値が高いほど、株主から託されたお金を有効活用して上手に稼いでいると判断されます。

ダメな企業のほうがはるかに多くても、ここ数年は過剰流動性であふれた資金が日銀やGPIFを含む機関投資家を通じインデックス運用に大量に流入したことで、日経平均株価（東証プライム市場に上場する225社で構成される指数）やTOPIXも目立った上昇を遂げてきました。言い換えれば、それらの指数が優良企業だけに的を絞ったものであったとしたら、もっと勢いのある上昇を遂げていたということです。

おそらく、インデックス運用至上主義の方々はこう反論するでしょう。

「優良企業だけを選りすぐるのは難しい」

しかし、資産運用で飯を食っているプロフェッショナルたちが真剣に調査・分析し、本源的価値が高くて長期的にさらに伸びていくことを確信した企業を厳選しているアクティブ運用のファンドが存在することも揺るぎない事実です。長期的な視点から見て、そういったファンドと指数では、どちらのほうが高いリターンの達成を期待できるでしょうか？

普通に考えれば、少なくとも指数に負ける可能性は低いと合理的に考えられ得るはずです。もしも、「それは無理だ」と否定する人がいたとしたら、世の中に資産運用を生業にする者は一切無用だと言っているのも同然です。

◆もしも、世の中にインデックスファンドしか存在しなかったら？

インデックス運用を熱烈に支持している人の多くは、「効率的市場仮説」を根拠としていることも大きな特徴でしょう。「効率的市場仮説」とは、目の前の株価（時価）にはその銘柄に関する公開情報がすべて直ちに織り込まれており、市場で形成されている株価は常に正しいという学説です。その結果として、リスクに見合ったリターン（リスクプレミアム）を超える投資成果（超過リターン）を得ることはできないと説いています。

インデックス運用の支持派はこの説を根拠に、株価にミスプライスが生じることはありえず、今後の予測も困難である以上、アクティブ運用のファンドが市場平均に勝つのは不可能であると結論づけているわけです。しかし、これは科学的に立証されたものではなく、あくまで仮説の域を脱していません。さらにいえば、株価が企業の本源的価値や実体経済とはかけ離れた水準まで割高・割安になる現象ついて説明できていないのも確かです。

この仮説が本当に正しいなら、バブルが発生することはもちろん、それが崩壊してしまうことも起こりえません。正直に申し上げて、資産運用業界でこの仮説を未だ信奉している人は少数派で、過去の古臭い仮説だと私も考えています。

現実の株式市場では、多くの投資家が割高だと思えば売られて値下がりし、逆に割安だと見なされれば買われて値上がりするという動きが繰り返されています。アクティブ運用では、目の前で形成された株価を疑ってかかるところから分析がスタートします。

たとえばバリュー（割安株投資）の手法なら、割安な価格になっている銘柄を組み入れ、その企業の本源的価値に回帰していくことを期待します。そして、こうした割安な価格に着目した売買行動が株価を変動させることになります。

仮に「効率的市場仮説」が正しくて市場で形成されている株価がつねに正しかったとしたら、市場平均に勝つアクティブ運用のファンドは皆無で、その存在は不要になります。

そうなると、誰もミスプライスを狙わないため、非常に極端なことをいえば、株価も変化しないという事態も発生しうるのです。

そうなればインデックス運用でもリターンが得られなくなるばかりか、企業が株式市場で資金を調達できなくなってしまいます。

「資産運用立国」を目指して強い意志のある投資信託を選ぼう

◆新NISAに続いて打ち出された「資産運用立国実現プラン」

第1章でも指摘したように、日本の個人金融資産の過半が現金・預金に集中し、銀行も「間接金融」の役割をきちんと果たしきれないため、世の中できちんとお金が循環していません。現金・預金に滞留してきたお金が投資に回るという「直接金融」が活発化すれば、企業価値の向上に結びつき、株価の上昇を通じてその恩恵が家計にも還元されることが期待されます。家計が豊かになれば、さらなる投資や消費を誘い、経済活動がいっそう活発化する可能性が高まります。こうした好循環を生じさせることを目的に、2023年12月に岸田政権（当時）は「資産運用立国実現プラン」を打ち出しました。

2021年に発足した当初の岸田政権とは、完全に180度の方針転換だといえます。就任早々、当時の岸田文雄総理は金融商品の利子、配当、譲渡益に課す金融所得課税の税率を引き上げる方針を打ち出し、株価の急落を通じて金融市場からブーイングを浴びました。しかし、翌年からスタンスを一変。その11月には「資産所得倍増プラン」を発表し、歴代政権が旗を振ってきた「貯蓄から投資へ」の方針を踏襲しました。

2024年1月から導入された新NISAは、この「資産所得倍増プラン」の具体的な施策の1つです。それまで同制度は時限措置でしたが、恒久化すると同時に非課税枠などの抜本的な拡充が図られました。

「資産所得倍増プラン」に続く一手として投じられたのが「資産運用立国実現プラン」です。資産運用業とアセットオーナーシップの改革が、その大きな柱となっています。

前者は、大手金融機関グループの運用会社に対し、専門性の向上、人材の育成・確保などを通じた運用力の強化やガバナンス改善のためのプラン策定・公表を要請するとともに、外資系や新興系の新規参入を促し、競争を促進することを目指しています。後者のアセットオーナーシップとは、年金基金や金融機関、財団などの機関投資家（アセットオーナー）における運用・ガバナンス・リスク管理に関して守るべき原則のことです。資産運用の高度化に向けた共通原則として、２０２４年8月には「アセットオーナー・プリンシプル」が定められました。

簡単にいえば、これらの施策は資産の運用力をより高めていくことを通じて、大切な資金を託している受益者の方々の期待に応えるのが狙いです。私が立ち上げた「なかのアセットマネジメント」は新興の運用会社として資産運用業に参入しており、本格的な長期投資のファンドを提供することで「資産運用立国」の実現に貢献してまいります。

ずばりいえば、「資産運用立国」を果たすうえでインデックスファンドだけでは役者不足だと私は思っています。この国策を実現するうえでは日本でも長期投資が一般に普及・定着することが大前提となってきますが、新ＮＩＳＡを通じてインデックスファンドに流入してきたお金は、相場の流れが変わると一気に流出へと転じる恐れがあります。

インデックスファンドから出ていったお金が再び預金に戻ってしまうと、これまで国が注力してきた施策がすべて水泡に帰すことになります。他人からの「伝聞」や「受け売り」でインデックスファンドに投資している人たちは、市場平均を確実に享受できるから最も堅実だと考えているはずです。確かに相場が右肩上がりを描いている局面では、間違いなく堅実だといえるでしょう。しかしながら、多くの人たちはまだ遭遇していないからピンとこないかもしれませんが、相場が右肩下がりを描くとそれをトレースする格好で、インデックスファンドの「基準価額」も低迷していくことになるのです。

インデックス運用の最大の弱点は、「強い意志」が込められていないことだと私は思っています。「意志」が関与していないという意味で、インデックス運用は限りなく預金の延長線上にあるものだといえるでしょう。

インデックスファンドに投資している人たちの多くは、単に指数が上がることだけを求めているはずです。「いい会社だからもっと伸びてほしい」とか、「この会社が世の中をもっと便利にしてくれるはずだ」といった思いはなく、「上がる」という期待が裏切られると、投資し続けるのを諦めてしまう人が相次いだとしても不思議はありません。

本当の投資とは、資金を託すことを通じて自分自身の「強い意志」が反映され、将来の世の中に大きな影響を及ぼしうるものです。私たちが運用しているファンドは、インデックスに代わる選択肢となるためにも、「強い意志」のある投資へとお金が向かうことを目指し、その観点から銘柄を厳選して運用するとともに、そこへの共感でつながる長期投資仲間が集う、忍耐強いファンドを目指しています。

国は国民の金融教育にも力を入れ始めていますが、株と債券の違いやインデックスとアクティブの違いなどといったように、単に知識を広げることだけにとどまっているのでは不十分でしょう。実体経済と自分のお金がどのように結びつき、個々の生活（ミクロの経済行動）がどういったかたちで日本経済に影響を与えていくのかということを理解することが求められていると思います。

◆「資産運用立国」実現には、長期投資のアクティブ運用が不可欠

国が掲げる「資産運用立国」を実現するうえで、最も重要になってくるのは金融機能の強化です。そして、資産運用業者の能力を高めることこそ、金融機能の強化に直結するものだといえます。かつて「間接金融」が中核となっていた高度成長時代においては、もっぱら金融機能を担うのは銀行でした。これに対し、「資産運用立国」における金融機能の

役割は、資産運用業者が中心となって果たすことになります。国は「資産運用立国実現プラン」で資産運用業の強化を図ろうとしているのがその証左です。「資産運用立国」の絶対必要条件として、資産運用業の高度化を実現しなければなりません。

個人投資家の間で群を抜く人気を誇っていることだけに目をつけ、運用会社がインデックスファンドを提供することだけに特化したとすれば、それは国策に逆行する行為になってしまうでしょう。インデックスファンドへのほったらかし投資は個人投資家側も退屈かもしれませんが、運用する側も自らの存在意義を否定するようなものなのです。

極端な話、誰でも設定・運用できるといっても過言ではないほど、単純なものだからです。コモディティ（汎用品）とも呼ばれるのはそのためで、高度な専門性や独自の運用哲学・理念などを介在させる必要がありません。

「資産運用立国」の成就は、私自身が前職時代から長い時間軸で目指してきたことにも通ずるものです。ここに至って国家戦略として位置づけられ、そのタイミングで新たな運用会社を立ち上げる機会を頂戴したことに運命めいたものを感じています。

起業の根底には、資産運用業の高度化に貢献できる運用会社を作らなければならないという問題意識があります。高度な運用を果たすため、やはり私たちが提供すべきは本格的なアクティブ運用のファンドだと考えました。アクティブ運用には様々な手法やアプローチが存在しますが、一貫して「長期・積立・分散」を提唱してきた通り、「なかのアセットマネジメント」で立ち上げたのは長期投資を大前提としているファンドです。長期のスパンで安定的な運用成果を期待できる運用を心がけています。

◆長期投資を前提としないアクティブ運用のファンドが存在するのも事実

インデックスファンドを支持している人たちがアクティブ運用のファンドに否定的であることに関して、納得できる側面もあります。実は、長期投資を前提としていないケースが少なくないからです。

その典型例がテーマ型と呼ばれているタイプで、アクティブ運用ファンドにおいて主流を占めているのが日本の現状です。テーマ型とは、半導体（生成ＡＩ関連）や脱炭素、インバウンド（訪日外国人旅行者）など、折々の株式市場で話題になっているテーマにターゲットを定め、その関連銘柄に集中投資をするという商品コンセプトになっています。

テーマとは、株式市場における旬の関心事であり、次から次へと目移りしていくものです。目の前のモメンタム（趨勢）が設計のベースになっていますから、数年程度でそのファンドのピークは過ぎ、新たなテーマのファンドを設定して乗り換えてもらうというのが販売サイドと運用サイドの思惑です。

「長期的にはアクティブ運用ファンドの大半がインデックスに勝てない」とするインデックスファンド支持派の指摘には、短命のテーマ型が圧倒的な数を占めている実情が深く関係しています。テーマが流行遅れとなった後も償還されずに運用が続いていれば、おのずとそのパフォーマンスは低迷を余儀なくされるでしょう。

無論、そういったファンドは、長期投資目的ならば、決して買ってはいけません。

◆インフレ時代だからこそ、本格的なアクティブ運用が求められている

岸田政権時代から掲げられてきた「資産運用立国」を実現するため、国が資産運用業の高度化を図る施策を進めていることについて、少し前のページで触れました。では、運用の高度化とは、具体的に何を意味すると思いますか？　ＡＩによる市場予測やクォンツ（統計的・計量的分析）、デリバティブ（金融派生商品）の活用などを連想した読者もいるか

もしれません。しかし、個々の企業の本源的価値を合理的かつ科学的に分析して導き出す能力を磨き上げていくことこそ、運用の高度化に直結するものだと私は考えています。

本源的価値とは、その企業が事業を通じて創出していくものです。新たな富を生む力であり、投資家には本源的価値の高い企業を選び抜き、忍耐強く長い時間軸で保有し続けていくことが求められていると思います。今、この国に求められているのは、本格的な長期投資を実践する骨太のアクティブ運用ファンドです。私が新会社を設立した理由の1つは、そういったファンドを自分の手で提供したいと考えたことにあります。

そして、もう1つの大きな理由は、まさに目の前でインフレ社会への転換が進んでいること。インフレが恒常化すれば、資産運用の在り方も抜本的に見直す必要が生じます。

それまで続いてきたディスインフレ（物価上昇が鈍化する状態）の社会では、インデックス運用が最適解で心地よさも感じたことでしょう。しかし、インフレ社会へのパラダイムシフトが発生すると、事情は一変します。

インフレの進行に伴い、真っ当な銘柄選択を実践するアクティブ運用がインデックスを凌駕する成果を上げやすい環境が整ってきているのです。インフレ時代にアクティブ運用がインデックスに大きな差をつける背景について、次で詳しく説明したいと思います。

インフレ時代に勝てるのは「アクティブ投資信託」のワケ

◆インフレ時代は企業の実力差が際立ち、〝優勝劣敗〟が進んでいく

インフレが進むのは当たり前という状態の社会構造に変わると、産業界においても〝優勝劣敗〟の色彩が濃くなってきます。ディスインフレ社会ではインデックス運用が心地よかったように、ダメな会社も相対的に大きくは業績が低迷せず、どうにか生き延びられました。そして株式市場全体に余剰マネーが流れ込むことで株価が全体的に上昇して、ダメな会社であっても経営努力が必要だという意識は働きにくくなります。ところが、物価の上昇が大前提となる社会に移行すると、今度は企業の実力差が株価にも大きく反映されるようになります。

インフレ下で圧倒的に強くなるのは、自社が提供している商品・サービスの価格支配力

がある会社です。物価上昇でコストが増加しても価格に転嫁でき、需要があるので売れ行きが鈍ることもありません。インフレが進んだ分だけ売り上げが拡大し、利益も嵩上げされていきます。そういった情勢を反映し、株価も上昇しやすくなります。

一方で、インフレは普通以下の会社に対して、非常に厳しい逆風として作用します。下手に価格転嫁を行うと売り上げが低迷する恐れがあることから、収益力が劇的に低下し、最終的には持続可能性を失って淘汰されかねません。

こうした産業界の〝優勝劣敗〟こそ、骨太のアクティブ運用がインデックスに大差をつける要因となってきます。緻密な分析に基づいて強い会社を選び抜いてきたことが結実し、インデックスを凌駕するようなリターンを顕在化させる日が早晩訪れるでしょう。だからこそ、インフレ時代に本格的な「資産運用立国」を目指すうえで最も必要なのが長期投資の骨太アクティブ運用ファンドであると、声を大にして申し上げたいと思っています。

◆QEからQTへの転換もアクティブ運用にとって追い風に

別の章でも触れたように、デフレからの脱却を図って日本銀行は「量的金融緩和」と呼ばれる政策を進めてきましたし、米国の中央銀行に相当するＦＲＢ（連邦準備制度理事会）もコロナ禍で同様の手を打ちました。いち早く米国は「量的金融引き締め」に転じ、インフレ鈍化を受けて２０２４年秋以降は金融緩和（利下げ）を実施しています。

すっかり周回遅れとなっていた日本も、ようやく「量的金融引き締め」のフェーズへと進みました。なお、英語で表現すると「量的金融緩和」はＱＥ（Quantitative Easing）で、「量的金融引き締め」はＱＴ（Quantitative Tightening）といいます。

このＱＥからＱＴへの転換は、インデックス運用からアクティブ運用への主役交代を暗示しています。ＱＥ時代には世の中に出回るお金の量が増え、もっぱらその受け皿になったのが株式市場でした。そして、株式市場へ資金を投じるための手段として主に選択されたのがインデックスだったのです。なぜなら、個別銘柄を精査して選りすぐる手間がかからず、手っ取り早く運用を進められるからです。

公的年金の原資を運用するＧＰＩＦ（年金積立金管理運用独立行政法人）を筆頭に、世界中の機関投資家がこぞってインデックス運用を中核に位置づけました。その結果、いい会社とダメな会社が十把一絡げとなって、指数が顕著に上昇したわけです。

逆にいえば、いい会社が高く評価され、ダメな会社は低く評価されるという資本市場に求められる本来の役割がうまく機能しなくなっていたということになります。優良企業を厳選してインデックスをしのぐ成果を目指すというアクティブ運用にとってはまさしく逆境だったのに対し、インデックス運用は全盛時代を迎えていました。

しかし、ＱＴへの転換によって風向きが反転する局面が訪れています。世の中に出回りすぎた資金を中央銀行が回収することは、機関投資家がこれまで投資してきた資産を現金化する動きにつながります。

機関投資家の売却によって、インデックスには大きな下げ圧力がかかります。つまり、これまでとは逆回転が生じ、インデックス全盛期が否応なく終焉するということです。

反対に、こうした転換が追い風として作用するのがアクティブ運用です。市場全体が下げている局面でも、個別に目を向ければ、いい会社であることが評価されて〝逆行高〟を遂げる銘柄さえ存在しています。

しかも、長期投資を前提に長く強い会社であり続ける銘柄を厳選していれば、インデックスがどのように推移しても本源的価値に株価は長期的に回帰していく特性から、安定的な成果を大いに期待できることでしょう。

第6章

本当に儲けている人の投資法

まんが Episode 6

「おすすめ」に従うべからず!

……というわけで「インデックスファンドへのほったらかし投資」は
インフレ時代の今「絶対万能の選択」ではなくなっているということです
それで強い企業を選別して投資する
ほー
「アクティブ運用」前提の投資信託を選ぶべし、と
アクティブ運用
投資信託
でも「半導体」とか「インバウンド」とかテーマ型のアクティブ運用の投資信託はダメなんでしょ？
インバウンド
半導体
テーマ自体が廃れる可能性がありますからねやがて低迷を余儀なくされるリスクが高いでしょう
販売会社はそのタイミングで別の投資信託への「乗り換え」を期待しているわけです
別の投資信託
購入時手数料が発生して収益となりますから
手数料
バチ
バチ
顧客と販売会社は利益相反の関係にあるというわけです
ん〜〜〜っ
じゃあどうすればいいの？何を基準にして投資信託の商品を選んだらいいの？

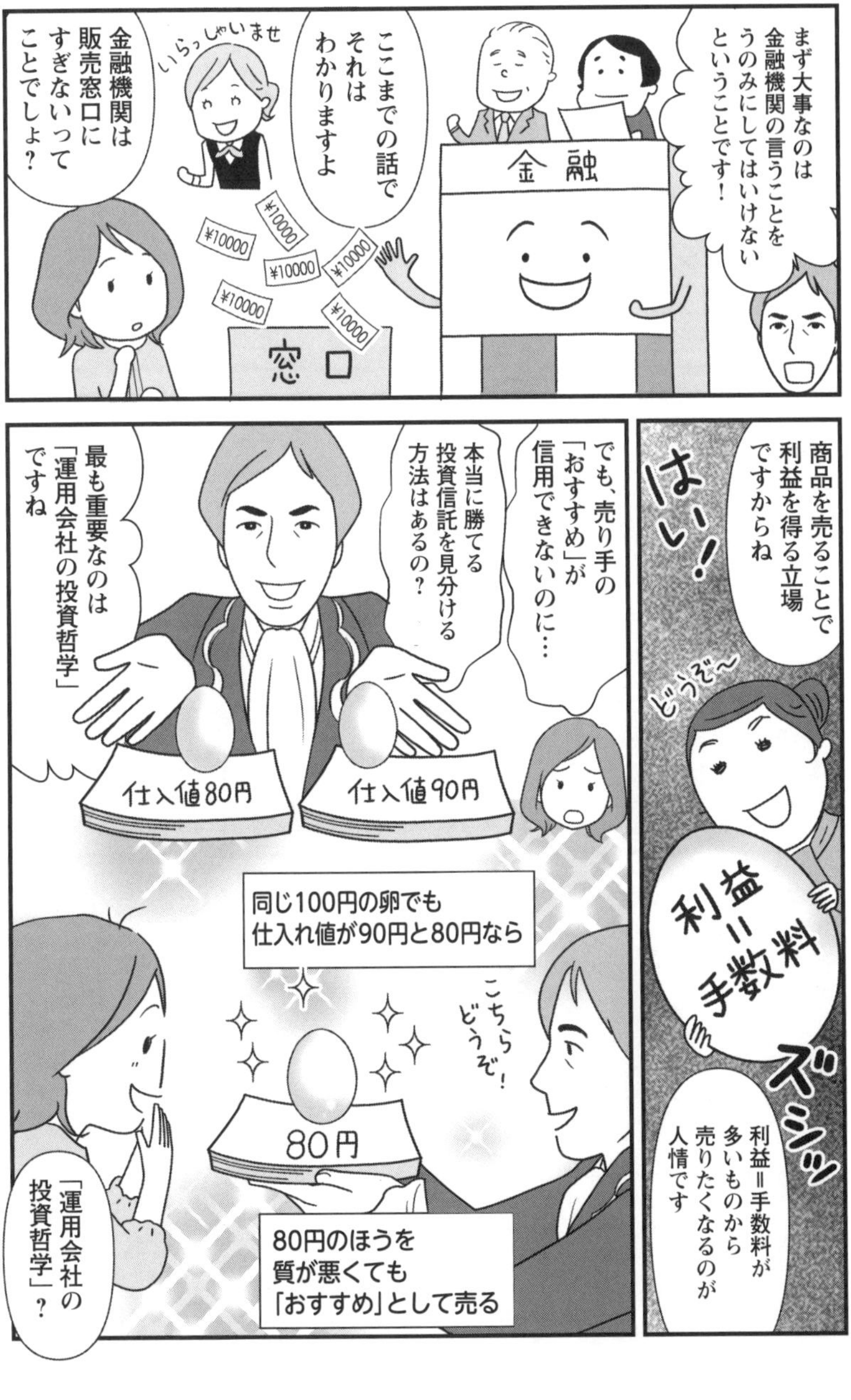
まず大事なのは金融機関の言うことをうのみにしてはいけないということです！
金融
ここまでの話でそれはわかりますよ
いらっしゃいませ
金融機関は販売窓口にすぎないってことでしょ？
¥10000
窓口
商品を売ることで利益を得る立場ですからね
はい！
どうぞ～
利益＝手数料
ズシッ
利益＝手数料が多いものから売りたくなるのが人情です
でも、売り手の「おすすめ」が信用できないのに…
本当に勝てる投資信託を見分ける方法はあるの？
最も重要なのは「運用会社の投資哲学」ですね
仕入値90円
仕入値80円
同じ100円の卵でも仕入れ値が90円と80円なら
こちらどうぞ！
80円
80円のほうを質が悪くても「おすすめ」として売る
「運用会社の投資哲学」？

投資信託を販売している会社ではなく
投資信託を運用している会社の考え方に注目せよ…と？
運用
運用
そうです！
投資銘柄
運用会社の哲学はどんな銘柄に投資しているのかに反映されるわけですが…
たとえばいかにアクティブ運用をしているといっても
「クローゼット・トラッカー・ファンド」には手を出してはいけません
クローゼット……??
「アクティブ運用ファンド」と称しながらあまりに幅広く分散して銘柄を保有しているため
インデックス運用とほとんど変わらない投資信託のことです
下回ってる？
んーー
アクティブ運用の投信は信託報酬（運用コスト）が相対的には高いのですが
成果がインデックスと大差なく、コスト分劣後するのです
独立平等
資産運用
状況

それじゃ意味ないじゃん！
パフォーマンス低すぎ！
運用実績を安定させようと組み入れ銘柄を増やしていった結果
銘柄
銘柄
銘柄
銘柄
しゅ
そうなってしまう場合があります
ノーガード…
攻めの姿勢を失ってしまっているわけね
アクティブ投信は銘柄数を絞り込んで運用しているものこそ
真に哲学のある投資をしているといえると思います！
厳選
銘柄
そのファンドが良い企業だと確信度の高い企業にしっかりと投資して
そのリターンを投資家に分配しようというプライドがあります
¥10000
¥10000
¥10000
ワー
ワー
ワー
なるほど！その姿勢に共感できるアクティブ投信を見つけて投資すべし、と
そういうことです！
アクティブ投資

勧められても買ってはいけない投資信託とは？

◆顧客と販売会社は究極の利益相反関係にある

２０２２年11月に岸田政権（当時）が発表した「資産所得倍増プラン」では、ＮＩＳＡの制度恒久化と抜本的な拡充を図る方針が示されたことに巷の視線が集中しました。一般的にはあまり知られていませんが、同プランでは金融商品の販売会社などに対し、顧客本位の業務運営を徹底することを要請しています。

こうした国の求めを受けながら、販売会社の営業姿勢は従来とほとんど変わっていないというのが現実でしょう。顧客本位の業務運営とは、顧客の利益に反する取引を行わず、顧客の利益のために職務を遂行するという「受託者責任」とも関係性が深いものです。

しかし、実は「受託者責任」を求められているのは私たちのような運用会社であり、証券会社や銀行などの販売会社は本来その対象となっていません。国はそれを承知のうえで、あえて「資産所得倍増プラン」において販売会社に理想の運営姿勢を求めたのです。そもそもブローカー（仲介業者）である証券会社に顧客本位のビジネスモデルが成立するはずがないでしょう。買いたい顧客に「リスクが高いから売れません」と断るメンタリティを持ち合わせていないのですから。ただ、証券会社からの勧誘に対しては、顧客側もそれなりに身構えて対応するものでしょう。その点、銀行のことは信用しがちであるのが日本人の悲しいさがです。

現実には銀行の販売姿勢も、基本的に証券会社となんら変わらないと思っておくのが賢明です。販売会社が顧客に買ってもらいたいのは、自分たちが最も売りたいファンドで、その口車には乗らず、熱心に勧められた商品は安易に選ばないのが無難でしょう。

1998年に規制が緩和されて投資信託を取り扱えるようになり、それからしばらく銀行は販売手数料の獲得を目標に掲げてきました。しかし、最近は預かり資産残高を増やすことに目標を切り替えています。投資信託の保有中に投資家が負担している「信託報酬」は、販売会社と運用会社、信託銀行（運用資産の管理を担当）が分け合っており、こちらの安定的な収入を獲得する方向へと舵を切ってきたわけです。もっとも、だからといって銀行が販売手数料を徴収しなくなったかといえば、まったくそのようなことはありません。

最近は個人ノルマの販売目標を掲げない銀行も増えていますが、支店ベースでは話が別です。支店には達成目標があり、決算期が近づくと絶対的な支配者である支店長が部下に号令をかけています。個人の評価に販売目標は定められていないものの、支店は一丸となって数値達成に取り組むというダブルスタンダードの構図があるわけです。結局、いまだに3月や9月になると変額保険の販売が大きく伸びるという傾向がうかがえます。

みなさんにここで訴えたいのは、銀行であろうが証券会社であろうが、販売会社と顧客は究極の利益相反関係にあるという現実です。決して販売会社が悪だといいたいわけではなく、利益相反の関係にある相手の話をすべて信じてしまうのは間違いだということです。販売会社側が喜ぶことは、顧客側が損することだと思って接するのが正解です。

◆「隠れインデックスファンド」には絶対に手を出さない

本格的なアクティブ運用ファンドで長期的に大きな成果を目指すという前提に立てば、組み入れ銘柄数が多いものは避けたほうがいいでしょう。節操なく数多の銘柄を組み入れる「クローゼット・トラッカー・ファンド」の部類に入るものには、絶対に手を出すべきではありません。「クローゼット・トラッカー・ファンド」とは、アクティブ運用ファンドと称しながらも、あまりにも銘柄を幅広く分散していることから、ほとんどインデックス運用と変わらない中身になっている商品のことです。「隠れインデックスファンド」とも呼ばれ、アクティブ運用だと言い張っているので信託報酬などの運用コストを高く設定していながら、実際にはインデックスと変わらない運用成果しか見込めないため、コスト差の分、インデックスにいつも劣後するというわけです。

クローゼットとは、洋服ダンスのことを意味しています。洋服ダンスの中に隠れながら、こっそりとインデックスと同じ動きをするファンドを運用しているという皮肉が込められたネーミングのようです。当然ながら、銘柄数を増やせば増やすほど、その運用実績はインデックスへと収斂していきます。より幅広く分散しておけば、ベンチマーク(運用目標)に定めているインデックスに大きく負けることはありません。

アクティブ運用の場合、ベンチマークよりも運用実績が大きく劣っていると投資家から非難されやすいので、運用担当者が自らの保身のために組入銘柄を増やしているケースも見受けられます。また、当初は30～40銘柄に集中投資するという骨太の投資戦略だったのに、知らぬ間にどんどん組み入れ銘柄を増やしていき、気がつけばすっかり様変わりしてしまったというパターンもあります。

「クローゼット・トラッカー・ファンド」は、手抜きの運用を行っているといっても過言ではないでしょう。かつて私が若手だった頃、投資信託の運用を学んでいた際に教えられたアクティブ運用の具体的な手法も、今となっては考えがたいものでした。時価総額の大きい銘柄を上から順に買っていくというものだったのです。

時価総額順に東証の銘柄をすべて買ってしまうわけですから、TOPIX（東証株価指数）とまったく変わりません。足元の業績や経営環境などを踏まえて、組入比率を適当に調整するだけにとどまり、銘柄の選択は完全にサボっているのです。

◆投資戦略が様変わりする傾向があるファンドは避ける

アクティブ運用ファンドには、経済情勢や相場環境などの変化とともに、投資戦略が様変わりしていくものがあります。「スタイルドリフト」と呼ばれるもので、「臨機応変に戦略を変える（スタイルレス）」との姿勢を標榜し、バリュー（割安株）からグロース（成長株）、大型株から小型株といった具合に、投資対象の銘柄を変えていくのです。

「これぞプロの仕事だ」と感じるかもしれませんが、長期投資にはまったく適さない商品性だと思います。なぜなら、明らかに短期で成果を得たい人のニーズに応える運用だからです。「スタイルドリフト」を得意としているファンドマネージャーが多いのも現実ですが、彼らが長期投資の目線で運用を行っていないとともに、相場を当てにいく運用には再現性が乏しく、骨太アクティブ運用とは埒外であることを知っておいてください。

資金を預ける価値のあるアクティブ運用ファンドとは？

◆30銘柄程度に的を絞り込んでいるアクティブ運用ファンドを選ぶ

ベンチマークに大きく負けて販売会社からクレームが入るのを恐れ、β運用にシフトしていく運用担当者も存在します。β運用とは、β値と呼ばれる数値に基づいて組み入れ銘柄を調整していく手法。β値とは、指数との連動性を示す数値です。つまり、インデックスと同じ運用実績になるようにコントロールしていくのがβ運用なのです。

パフォーマンスの低迷を恐れるあまり、多くのアクティブ運用ファンドはβ値の呪縛にかかっています。言い換えれば、β値を完全に無視して銘柄を絞り込んでいるものが真のアクティブ運用ファンドです。自分たちの銘柄選択を信じ、β運用に日和らずに真っ向から勝負することによって、アクティブ運用ファンドとしての真価が発揮されるのです。私たちの日本株ファンドでは、組み入れ数は最大でも30銘柄までと決めています。

いい会社と思った銘柄の数が30を超えたら、確信度が最も低いものを外し、新たなものに入れ替えます。確信度のベースとなるのは業績予想で、頻繁にアップデートを重ねながら、自分たちが判定した確信度に変化が生じていないかどうかをチェックしています。

王道のアクティブ運用ファンドに求められているのは「銘柄選択力」で、決して「市場予測力」ではありません。「市場予測」は的中しないケースが珍しくありませんが、銘柄選択には再現性があるので、いい会社をどんどん発掘することが可能です。

◆買値や「損切りルール」にこだわらない

日々の運用の中で「なかのアセットマネジメント」のファンドマネージャーやアナリストは、買値を意識したことが一度もありません。もちろん、データ（取引履歴）は残っているので、買値がいくらだったのかはすぐに判明しますが、その必要はまったくないので、おそらく誰も調べたことがないでしょう。

私たちが見ているのは「今の値段」で、いくらで買ったのかは気にしていません。逆に個人投資家の多くは常に買値を意識し、今の値段と比べていくらの利益が出ているのか、あるいはいくらの損失が出ているのかを計算していることでしょう。

しかし、そういった確認（計算）は、資産運用において何の意味もありません。むしろ、買値が1つの基準になってしまうことが弊害をもたらします。たとえば買値よりも今の値段が下がっていることを知ると、誰しもがっかりしてストレスを感じることでしょう。その後、買値まで戻ってきたとしたら、含み損が解消されてホッと一息つくはずです。こうした場面でさっさと売りたくなる個人投資家も多いはず。俗にいう「やれやれ売り」です。

運用のプロフェッショナルが強く意識しているのは、その会社の本源的価値です。それと比較して現状の株価が高いのか安いのかを確認しています。どんなにいい会社であっても、本源的価値と比べてとてつもなく高い値段になっていれば手を出せません。

5年先、10年先までの業績を予想し、それをもとに本源的価値を判定して目の前の株価と比較しています。市場全体が下げて保有銘柄が〝つれ安〟している局面は、来期以降の業績予測を再確認して修正の必要がなければ、いずれは適正な水準まで戻す確度が高いので、安く買い増しする好機だと判断します。

買値を意識することは、他にも大きな弊害をもたらします。「買値から○%下げたら損切りする」というルールを自分に定めている個人投資家も多いようですが、それはいかがなものかというのが率直な感想です。

買値とは、たまたまそのタイミングで買ったことで成立した値段にすぎず、その水準に合理的な根拠はありません。あやふやなものを基準にして、いくら下げたら損切りしたほうがいいなどと判断するのは無意味です。保有銘柄の今期業績が下方修正され、足元の株価が下がってしまった場合、私たちがすぐに確認しているのは、来期以降の業績予測です。今期の下振れは特殊要因によるものにすぎず、今後の見通しに何の変化もなければホールドを続けます。見切りをつけて売却するのは、長期的にも業績予測に狂いが生じているケースです。このように、損切りを判断する際にも買値はまったく関与してこないのです。

一方で、基本的に利益確定という概念も持ち合わせていないことも、多くの個人投資家との相違点でしょう。いい会社であり続け、想定通りの利益を上げて株価も業績に連動していれば、売る理由が見当たりません。

唯一、利益確定を決断するとすれば、株価が極度に上昇した場合です。20倍程度のPER（株価収益率）が妥当な水準と想定して保有していたところ、相場が過熱して40～50倍台に達するまで株価が急騰したら売るしかありません。

PERとは、株価を1株あたりの利益で割って算出する株価の指標で、株価が純利益の何倍まで買われているのかを見ることができます。PERが高ければ、成長性を期待されて株が買われているとみることができ、数値が低いほど割安であるとされています。通常、市場全体の平均PERは15倍だと株価が適正であるといわれており、それより高ければ割高ということになります。そんなPERが急騰したら、手放しでは喜べません。なぜなら、やがてはPERが適正水準に達するまで株価が調整（下落）することが目に見えているからです。実際にその水準まで下がり、その会社の本源的価値に変化がみられなかった場合は、再び買うことになります。

◆「売りは裏切り」と思わず、断続的に長期保有する

明らかに相場が過熱した場合はいったん売って利益を確定させ、その後に株価が下がって本源的価値に変わりがなければ買い直すという行為は、言わば断続的な長期保有です。運用がスタートしてからまだ日の浅い「なかのアセットマネジメント」のファンドも、これからの長い歳月の中で断続的な長期保有を繰り返していく銘柄もきっとあると思います。

無論、決してその会社のことが嫌いになったから売るわけではないのは、いうまでもありません。また、いったん手放すことは、その会社に対する裏切りになるとも思っていません。いい会社だと思って保有してきたものの、その前提条件が違ってきた場合は、好き嫌いは別にして手放すのもプロフェッショナルに求められる規律です。

個人投資家なら、その会社のファンだから業績が悪くなっても保有し続けるという考えもアリだと思います。みんなが売っているから自分が支えるのだという行動は、ファンの矜持だといえるでしょう。ただし、それは資産形成とはまったく次元の異なる話です。

その点、私たちは感情の絡んだ取引を行うことが許されていません。相応の運用成果を上げることを期待して、投資家から資金を託されているからです。個人の株式投資であっ

ても、お金を増やすことを本来の目的にして始めた場合は、好き嫌いの感情を切り離したほうがいいでしょう。儲けたいなら、好き嫌いとは別の観点から銘柄を選択するのが自然です。

ただ、個人投資家が特定のアクティブ運用ファンドに期待して資金を投じることは、いわゆる〝推し活〟だと私は思っています。運用の理念や投資哲学に共感でき、関わっている人たちを信頼できることが何よりも大事だからです。共感と信頼でつながっていれば、逆境下でも大きな不安を抱くことなく保有し続けられるでしょう。

◆下落相場におけるリターンを重視する

新NISAで初めて投資にチャレンジした人たちはまだ本格的な下落局面と遭遇していないので、「一時的に下げることはあっても、基本的に右肩上がりで推移していく」と信じ込んでいるかもしれません。しかし、別の章でも指摘したように、長期的に下降する局面は必ず訪れるのが相場の世界です。そのような場面を迎えるとS&P500やオルカンのようなインデックスは、当然ながら市場全体が下げた分だけダイレクトに右肩下がりを描いていきます。その下げを緩和させるような機能は備えられていません。

だからこそ、相場全体が下げている局面で、インデックスとは異なるパフォーマンスをいかに実現していくかがアクティブ運用ファンドの使命でしょう。私たちのファンドも、相場全体の下落が及ぼす影響を極力抑えるような設計を行っています。

相場全体の下げ幅よりもファンドの運用実績の落ち込みを小さく保っておけば、流れが反転してからの局面で挽回しやすくなります。株価が軒並み下がっていると、多くの投資家は超過（インデックスを上回る）リターンを狙えるはずがないと思いがちです。

しかし、実際には下落相場でも全体とは異なる値動きをしている個別銘柄が存在しており、超過リターンを狙うチャンスは潜んでいます。本物の長期投資家はそういったチャンスを待っていますし、ファンドの真価を見極めるうえでも下落相場におけるパフォーマンスの推移を見定めることが重要だと思います。

私たちはテンバガー（株価が比較的短期で10倍高を遂げる銘柄）を探し出そうとしているわけではありません。企業の本源的価値を精査し、事業の成長を追随しながら株価が安定的に競り上がっていく銘柄を長期で保有することが理想的な運用だと思っています。

第7章

新NISA「成長投資枠」はアクティブ運用ファンドで！

まんが
Episode
7

NISA口座を開く前に…

…よし なんかやる気に なってきた！
よし！
私も投資信託で 長期投資、 いよいよ始めてみる！
ということは NISA口座は お持ちでない？
ニーサ！ よく聞くけど…
投資自体、他人事だと 思っていたから 内容についてはチェック してきませんでした
NISA
そういう方のために 概要を説明して おきましょう！
NISAは正式には 「少額投資非課税制度」 といいます
どういうこと かというと…
運用益 （売却益・配当・分配） 非課税
はーいっ
少額の投資は 非課税になる！
その通りです！
株式や投資信託などの 金融商品では 主に2つの利益を 得ることができます
配当金
売却益
配当・分配金と 売却益です
フム フム
通常これらの利益には 約2割の税金が かかってきます
ええっ！ 2割はデカいよ！

これでは「今から投資を始めたい」という個人投資家の意欲をそいでしまうことになりかねません
ケーキ1/5 いただきまーす！
国家
原則 税率20.315%
そこで国は2014年NISAという制度を導入しました
NISA口座に入金したお金で金融商品を売買した場合
非課税 売却益
運用
配当/分配金
非課税
配当・分配金と売却益は所得税を免除する（非課税）こととしたのです
いえ〜い
NISA口座でガンガン稼げば超おトクってわけね！
ただし上限はありますよ！
なーんだ
スタート以来制度が変わっていますので現在のルールをよく確認しておきましょう！
2024年に新しく整備されたNISAは「新NISA」というのですが——
成長投資枠
新NISAでは投資できる内容によって「成長投資枠」と「つみたて投資枠」に分かれています
つみたて投資枠
どう違うの？

「成長投資枠」では上場している株式や投資信託を、普通に買うことができます
例外はありますが
こちらは年間最大240万円の投資から得た利益については非課税となります
普通に株や投信を買ったり売ったりするイメージね
成長投資枠
ばっ
株が値上がりしそうで儲かりそうだから買い増ししたい！となったら？
新規に株式投資信託を300万円（購入時手数料含めず）購入する場合
非課税
240万円は非課税口座
課税
残り60万円は通常の課税口座
240万円を超えた投資額の分については利益に課税されてしまいます
「つみたて投資枠」というのは？
分散できる対象が金融庁が定めた登録要件を満たした投資信託だけに限られています
金融庁
Financial Services Agency
…基準とは？
ごく簡単にいうと「長期・積立・分散」投資に資する
安定的な資産形成を目的とするとされる投資信託になります
長期投資
福利効果が大きくなる
積み立て投資
平均購入単価を安くできる
分散投資
価格の変動をある程度抑えられる
要するに金融庁が選別してくれて
リスクがかなり軽減されている中から投資信託を選べるようになっているわけね？
フーン
投資信託

金融庁は形式基準を設けただけでどれも推奨はしていません
ばばっ
つみたて投資枠
120万円
非課税
こちらは最大年間120万円の投資の利益が非課税となります
お〜
両方の枠に投資できるってことだよね…？
つまり年間最大360万円の投資を非課税でできるってことか！
そしてこの投資を毎年続けトータルの投資額が1800万円に達するまで
非課税の特典を受けられるのです！
非課税保有期間が無期限！
年間投資枠が拡大！（最大で年間360万円に）
非課税保有限度額（総枠）が新設！（最大1,800万円）
つみたて投資枠と成長投資枠の併用が可能！
非課税保有限度額（総枠）の再利用が可能！
さっそく口座を作らなきゃ！
待った！
またこのパターン
急いで口座を作って失敗している人がたくさんいます
まずはこちらを読んでください！
了解です！

新NISAのメリットをフル活用しよう

◆そもそもNISAとは何か?

投資信託による資産形成を考えるなら、NISAの制度はフル活用して、少しでも資産が増えるスピードアップを図りたいところです。

現在のNISAには頭に「新」とあるように、2023年の12月までは旧制度のNISAが存在していました。旧NISA時代には、途中で2つの派生的な制度も導入されています。そこで、旧NISAは一般NISAと呼ばれるようになりました。

NISAの正式名称は「少額投資非課税制度」で、国策である「貯蓄から投資へ」のシフトを促すための優遇策として、2014年1月から導入されました。英国のISA(インディビジュアル・セービング・アカウント:個人貯蓄口座)をモデルにして制度設計され、その日本（ＮＩＰＰＯＮ）版という意味合いでＮＩＳＡの愛称がつけられました。

株式や投資信託などの金融商品に投資して成果が得られると、通常なら利益に対して約20％の税金が課されます。ところが、ＮＩＳＡ口座を通じて取引した場合は、利益の大小を問わず非課税扱いになります。

この一般ＮＩＳＡで利益が非課税となる投資額の上限は、年間１２０万円でした。仮に１２０万円の投資で１５０万円に増やせたとしたら、通常の口座なら30万円の利益は約24万円の手取りとなってしまいますが、一般ＮＩＳＡ口座なら利益を丸ごと享受できたのです。

その後、２０１６年４月に19歳以下の子どもがいる親を対象としたジュニアＮＩＳＡ（未成年者少額投資非課税制度）も導入され、２０１８年１月からつみたてＮＩＳＡもスタートしました。しかし、２０２４年から新ＮＩＳＡが導入されることが決まったことを受け、ここまで説明してきた３つの制度は２０２３年末で終了しています。

もっとも、それらの口座で保有している金融商品を直ちに売却する必要はなく、そのまま保有し続けることが可能で、新ＮＩＳＡの年間投資枠とは別の扱いで管理されています。ジュニアＮＩＳＡで投資した金融商品については、５年の非課税期間が終了した後は自動的に継続管理勘定に移管され、子どもが18歳になるまで非課税扱いで保有できます。

◆新NISAの仕組みとそのメリット

2024年の1月からスタートした新NISAは、日本国内に住む18歳以上なら誰でも利用できます。まずは概要を説明すると、従来の一般NISAとつみたてNISAを一本化させたうえで、それまで期限があった非課税の税制優遇が受けられる期間を恒久化、非課税の対象となる投資額の上限を拡大したのが新NISAです（左ページ表）。

2014年に一般NISAがスタートした当初、非課税の対象となる投資額の上限は年間100万円でしたが、2016年から年間120万円に引き上げられました。5年間という非課税期間については、当初のルールのまま変更されませんでした。一方、2018年から始まったつみたてNISAの非課税投資額の上限は年間40万円です。年間40万円ずつ、最長20年間にわたって利益から税金が差し引かれない積み立て投資が可能でした。

これら2つの制度を統合した新NISAは、「成長投資枠」と「つみたて投資枠」に分かれています。「成長投資枠」の非課税投資額は年間240万円で、「つみたて投資枠」は年間120万円です。2つの枠を合計すると、年間最大360万円の非課税投資が可能だということです。こうした投資を継続し、トータルの投入額が1800万円に達するまで

NISA制度の枠組み

	つみたて投資枠	成長投資枠
	併用可	
非課税保有期間	無制限	無制限
制　度（口座開設期間）	恒久化	恒久化
年間投資枠	120万円	240万円
非課税保有限度額（総枠）	1,800万円	
		1,200万円（内数）
投資対象商品	長期の積立・分散投資に適した一定の投資信託（金融庁の基準を満たした投資信託に限定）	上場株式・投資信託等※
対象年齢	18歳以上	18歳以上

※　①整理・監理銘柄 ②信託期間20年未満、毎月分配型の投資信託およびデリバティブ取引を用いた一定の投資信託等を除外

(注)2023年末までに、つみたてNISAおよび一般NISAの口座において投資した商品は、2024年1月以降はNISAの外枠で管理され、2023年までのNISA制度における非課税措置が適用されます

出典：金融庁HPより

非課税特典を受けられるようになっています。なお、「成長投資枠」では一部例外を除き、上場している株式や投資信託の中から投資対象を選べますが、「つみたて投資枠」では金融庁の基準を満たした投資信託に限定されています。

◆新NISAの改善すべきポイントとは？

巷では旧制度においても問題とされていて、ぜひとも新NISAでは改善してほしかったポイントがあります。それは、1人につき1口座のみ開設可能で、口座を管理する金融機関の変更は年単位でしか認められていないことです。

つまり、新NISAを始めるにあたっては、どこか1つの金融機関を選ばなければならず、商品ラインナップや手数料などに不満を感じても、翌年まで待たなければ乗り換えられないのです。ビギナーの大半は、どこを選べばいいのかわからなくて迷ってしまったことでしょう。実際、こんなことをボヤきながら後悔している人も少なくないようです。

「キャンペーンの特典につられて○△銀行でNISA口座を開いたら、投資に詳しい知人にオススメしてもらった投資信託を取り扱っていなかった……」

本書でも「銀行で投資信託の口座を開く時は一考を」と繰り返し述べてきたわけですが、彼らにしてみれば、格好の集客チャンスだったわけです。もちろん口座を持つ金融機関を変更することは可能ですが、こうした「うっかり」で貴重な時間をムダにしないためにも、1人で複数の口座を開設できたり、速やかに金融機関の変更ができたりするような改善が求められています。ただ、無期限の制度に見直されたので、そこまで時間を気にする必要はなくなりました。

一方、2つの旧制度が一本化されたとはいえ、2つの枠に分かれていることもわかりくいと思います。その名称に惑わされてか、積み立て方式で投資できるのは「つみたて投資枠」だけで、「成長投資枠」では不可能だと思い込んでいる人が意外と多いのが現実でしょう。実際には、どちらにおいても積み立て投資が可能です。

一般NISAとは別につみたてNISAが設けられた背景には、当時の金融業界において積み立て投資に適していない投資信託が蔓延《はびこ》っていたことがあります。だから、つみたてNISAでは投資先に選べる投資信託を金融庁の登録要件を満たしたものに限定しました。

相変わらず積み立てには不向きの投資信託は存在するものの、つみたてNISAが発足した頃と比べれば少しはマシになってきましたし、個人投資家の間で理解も広まってきました。こうした状況を踏まえれば、新ＮＩＳＡでわざわざ「つみたて投資枠」を別扱いする必要性は薄れているといえるでしょう。シンプルに枠を一本化したほうがメリットを理解しやすく、頭を悩ませずに済む制度になると思います。

日本の成長を応援するアクティブ運用も選ぼう

◆インデックスファンドを通じて、日本人のお金が海外に流出

国は新ＮＩＳＡを〝呼び水〟にして「貯蓄から投資へ」のシフトを促していますが、他の章でも述べたように、それは「資産運用立国」実現へ向けての布石です。預金として眠っていたも同然だったお金が投資を通じて日本の産業界を支え、経済成長を促し、それに伴って投資の成果も上がって国民の資産も増えていくという流れを期待しています。

つまり、新ＮＩＳＡを通じた投資は海外だけでなくそれなりに日本の企業へ向かうのが理想的だということです。より多くの人たちから資金を託され、日本の産業界が成長していくことによって、投資のリターンも得られるという循環が求められています。

ところが、新ＮＩＳＡにおいて寡占状態の人気を誇っているのはＳ＆Ｐ５００とオルカンに連動するインデックスファンドです。Ｓ＆Ｐ５００は米国株の指数ですし、オルカンにおける日本株の配分比率はわずかにすぎません。本来なら日本経済の未来を支える礎となるはずのお金がもっぱら海外へと流出してしまっているのです。国際分散投資は長期運用の王道ですから、その考え方自体を否定するつもりはまったくありませんが、今のように一辺倒なお金の流れのままでは、国富がひたすら流出しているようなものです。

２０２４年第３四半期（７~９月）の時点で１１１６兆円に達している個人の現金・預金は、広義には日本の国富です。一定割合は能動的に日本株に向かうような仕掛けが必要でしょう。現時点で合計で１８００万円に達する非課税枠ですが、例えば数百万円増枠するとともに、増枠分は国内資金に限定するような仕組みを設ける方向で制度を拡大してもらいたいところです。

◆インデックス運用の受け皿となる、長期投資のアクティブ運用を実践

誤解してほしくないのは、S&P500やオルカンに連動するインデックスファンドへの投資に私が否定的なわけではないことです。ここ数年間のトラックレコード（運用実績）しか見ていない個人投資家があまりにも多いことについて、私は非常に心配しています。

これらの指数の右肩上がりを信じ込んでいた人たちは、下げ止まらない展開になると、慌てて投資から手を引き、「金融庁に騙された。政府の陰謀だ」と大騒ぎしそうです。

そんなときこそ、私たちが何のために長期投資のアクティブ運用に取り組んできたのかについて、熱心に情報発信を行っていきたいと思っています。相場全体は下がっていても、企業の本源的価値に注目して銘柄を厳選することによってダメージを緩和させ、長期的に安定した運用成果を追求していることを、より多くの個人投資家にお伝えするつもりです。

S&P500やオルカンの右肩上がり神話が崩壊する局面こそ、アクティブ運用ファンドの魅力が見直されるタイミングになるはずだと信じています。新NISAという制度を通じてみなさんの長期的な資産形成のお役に立つため、これからも私は本格的なアクティブ運用のさらなる普及に取り組んでいきたいと思っています。

第8章

なかの流銘柄選択の24社

まんが Episode 8

「勝てる投資」を選ぶには？

…という
わけです
あとはNISA制度を
フル活用して
「本格骨太アクティブ投信」
にコツコツ投資していけば
将来、大きな資産形成が
実現可能ってわけね
でもさ
骨太アクティブ投信は
「成長が期待できる
企業の株を選別して買う」
というけれど
実際はどうなんですか？
この会社は
「成長しそうだ」なんて
どうやってわかるの？
私が主宰する
なかのアセット
マネジメントには
「国内の成長企業に投資する」
運用と「世界の成長企業に
投資する」運用
がありますが——
国内成長企業
世界の成長企業
骨太アクティブの
定義として特に
運用会社の銘柄選択力が
重要といえます！
「成長の大きさ」
「成長の確かさ」
「成長が持続する長さ」を
独自に評価し
それを満たした企業を
クオリティ・グロース・
カンパニーと見なし
投資するのです
成長の大きさ
成長の確かさ
持続する長さ
クオリティ・グロース…
うっとり…
なんかカッコいい

簡単にいうと長期にわたって安定した成長確度が高い企業ですが
私の会社では
「利益成長の期間」×「平均的な年率成長率」
この値が大きな会社を投資対象候補と考えています
「世界の成長企業に投資する」投資信託では個別の株を世界中の市場から探し出すのは大変です
そこで世界中の投資信託から理念や思想で共感できる
世界の企業に投資している投資信託に投資して運用をしています！
利益成長の期間×平均的な年成長率 ⇒大きいほど期待できる！
ということで国内のなかの流クオリティ・グロース銘柄を実例でご紹介しましょう！
これから伸びそうな会社のポイントがわかるわけね！
楽しみ！

「資産運用立国」実現のための2本のアクティブ運用ファンド

◆長期投資で生活者と社会の幸せに貢献

私は、2023年9月に「なかのアセットマネジメント」を設立しました。その際、大手金融機関のスパークス・グループ、第一生命ホールディングス、ソニーフィナンシャルグループをはじめ、個人株主の方々からの出資と応援を頂戴しました。この場を借りて、深くお礼を申し上げます。

澤上篤人氏が先鞭をつけて以来、依然として日本ではまだ少数派である真の独立系運用会社として、「長期投資で生活者と社会の幸せに貢献する」を企業パーパスに掲げています。より多くの個人投資家の方々と、長期投資の道のりを、ともに歩んでいきたいと思っています。

この本格的な長期投資は、「なかの号（なかのアセットマネジメント）」という名の長距離列車に私たちと個人投資家の皆様が同乗して、歳月をかけて長い旅を続けていくようなものに例えられるでしょう。それは、私自身の人生を捧げる恩返しの旅でもあります。

ポートフォリオマネージャーには、米国系や英国系の機関投資家などを経験している山本潤と、海外ファンドなどの運用を担当した後、外資系の運用会社ファンドマネージャー、外資系の富裕層向けサービス部門調査責任者などを経験した居林通が馳せ参じてくれて、ともに運用体制を整えました。また、アナリストも経験豊富なベテランから新鋭の若手までバランスよく布陣を組んで、高度に攻める投資信託の姿を日本に見せていきたいと考えています。

◆国内のクオリティ・グロース株に投資するか、世界に投資するか

アクティブ運用ファンドのスタンスは、国内の成長に投資するのか、世界の成長に投資するのかに、大きく二分されるでしょう。

考え方としては、国内の成長企業に投資するファンドの場合、「成長の大きさ」「成長の

確かさ」「成長が持続する長さ」など、それぞれのファンドが独自に定めた選定基準を満たすクオリティ・グロース・カンパニーに的を絞って投資するかたちになります。クオリティは成長の確信性、グロースは収益の成長性を意味しており、「利益成長の期間」と「平均的な年率成長率」を掛け合わせて得た数値が大きい企業をファンドに組み入れます。

そこに運用会社の哲学が表れ、時勢をどう見るかが示されてくるわけですが、2025年2月現在、米国の長期金利が高位で推移する状況は、一見、クオリティ・グロース投資に逆風に映るかもしれません。

しかし、クオリティ・グロース株が割安に放置されている状況は、長期的な投資においてむしろ好機と捉えることができます。インフレを凌駕する成長力を持つ企業は確かに存在し、そこに投資することで継続的に日本企業の成長を支えることは可能であると、私は考えています。

◆世界の成長企業を長期の目線で応援する

世界を投資対象にするアクティブ運用ファンドの場合、世界経済の成長を利益の源泉とする国際分散型となります。各国の市場にアクセスして自身が運用するのはコストがかかりすぎてしまうため、なかのアセットでは、自身の理念・哲学と共通する思想をもった投資信託を通じて世界の株式に投資するかたちとなります。

その際、アクティブ運用であれば戦略的に重視すべきだと思うのは、「クオリティ・グロース投資」です。米欧日をはじめとする先進国や新興国に存在する良質な成長企業を長期の目線で厳選することで、世界の株式市場の平均的なリターンを凌駕する投資成果を目指すことができます。こちらにおいても、「利益成長の期間」と「平均的な年率成長率」を掛け合わせた指標を用い、その数値が大きい企業に投資する、といった独自の判定基準を用います。

「世界に投資」といっても、アメリカに偏りがちであることは先にお話しした通りですが、現実として、世界市場における米国株市場の時価総額比率は増加を続け、60%超となっています。簡単にいえば、好調な米国経済と上がり続ける株式市場に惹かれて、さらに資金が流入するという構図に見えますが、安易にそのトレンドに乗るわけにはいきません。トランプ大統領の就任とともに株式市場の「変動率」が上昇傾向を示しており、アクティブ運用の腕の見せどころと考えています。

◆国内クオリティ・グロース・カンパニーとして選択した銘柄

アクティブ運用ファンドとしては、いかにクオリティ・グロース銘柄を見いだせるかが、腕の見せどころです。私たち自身、実際にどういった企業に期待しているのかについて、参考までに「なかのアセットマネジメント」がこれまでに投資対象としてきた銘柄の具体名と注目した理由についてまとめておきましょう。ただし、読者の方々に対してこれらの企業への投資を推奨しているわけでありません。あくまで企業の本源的価値に立脚した銘柄選択の視点を感じ取っていただければ幸いです（2025年2月現在）。

「成長が期待できる企業とは、こういうものだ」というのが、なんとなくわかっていただけると思います。プロフェッショナルが専門性と意図をもってそのような企業を発掘し、投資しているのが本物のアクティブ投資信託なのです。

本書を通して、その価値を少しでもご理解いただけたら、著者として嬉しく思います。

ヤクルト本社（2267）

あまりにも有名な乳酸菌飲料のメーカーで、訪問担当による直販を中心とする販売網をグローバルに展開していることでも知られています。注目点は、2024年10月から植物素材利用食品市場に新規参入したことです。植物素材利用食品とは、植物素材を原料とした植物性ミルクや植物性ヨーグルト、大豆ミートなどの総称で、動物性原料と比べてCO_2の排出量が少なく、体にも環境にも優しい素材といわれています。ヤクルト本社がこれまで培ってきた技術を活用しながら世界で拡大中の植物素材利用食品市場へ進出することで、同社のコーポレートスローガンである「人も地球も健康に」の実現を追求しています。

カカクコム（2371）

価格比較サイト「価格ドットコム」や、飲食店情報サイト「食べログ」などを運営する企業です。「食べログ」を立ち上げた村上敦浩氏が2024年4月から社長に就任しており、現体制において初めて発表される中期経営計画の概要に熱い視線が寄せられています。大きなポイントとなるのは、「成長」と「収益性」のバランスです。同社の投資対象としての魅力は、「ROE（自己資本利益率）40%」という高水準の資本収益性を経営指標に掲げてきたことにあります。一方で、成長投資が先行する場合、一時的に費用がかさむことに伴い、ROEが低下してしまう可能性も否めません。私たちは長期投資家として、けっして短絡的に捉えることなく、同社の真の企業価値を見極めていきたいと考えています。

味の素（2802）

調味料メーカーの最大手としてあまりにも有名ですが、私たちが注目しているのは、同社が手掛けるABF（味の素ビルドアップフィルム）板という絶縁材料です。半導体が微細化するにつれてチップと基盤をつなげるパッケージ基板に要求されるスペック（性能）も高くなっており、それを果たすうえで重要な材料の1つになってくるのがABFです。パッケージの大型化、積層数の増加に伴う販売数量増と要求品質の向上に伴って、同製品の販売単価の上昇が期待できます。先端半導体は今後も高い需要が見込まれ、引き続きABFが同社の成長を牽引するドライバーになると考えています。

コスモス薬品（3349）

九州が地盤のドラッグストア。サービス産業の生産性を測るうえで重要な「顧客満足」を数値化・可視化し、その活用ぶりは“日本版顧客満足度指数調査”のドラッグストアチェーン部門14年連続No.1の実績。2024年は「インフレによる消費不況」に対し消費者の立場に立ち、１円でも安く売る方針は今後も変わらないとし、強力な購買力で仕入れ条件の改善を図り、粗利率を緩やかに上げていこうとしています。本決算から４カ月が経った９月末で店舗数は1528と38店舗増。特に関東への積極出店を続けており、2025年も順調に100を超える出店数が期待できそうです。

オロ（3983）

幅広い業務を一元管理して効率化を図るERP(統合基幹業務システム)の開発・販売が中核のビジネスで、ウェブを活用したマーケティング支援事業も展開しています。自社開発のERPである「ZAC」は、2022年まで販売開始から2年半が経過すると売上が大きく落ち込むビジネスモデルになっていました。しかし、2023年から契約期間中は売上が減少しないビジネスモデルに改善し、そのことが業績の向上に奏功しています。このプラス効果が本格的に発揮されるのは、2026年12月期以降で、「ZAC」の商品性も年々向上していることも評価され、これまでの中小企業中心から大企業開拓という販路拡大の戦略も視野に入ってきました。

信越化学工業（4063）

同社は、1990年代前半から中期経営計画を公表していません。その経営スタイルを象徴するキーワードとして「フル生産フル販売」があげられます。オペレーションを徹底的に効率化し、他社よりも低コストで製品を生産し、作った分は全て売り切ることを基本方針としています。主力製品である塩ビ樹脂や半導体用シリコンウエハにおいても、製造から販売までの各工程を最小限の人数で効率的に行い、大量生産を可能にしています。これにより、工場の稼働率を高く保ち、市況の影響を最小限にとどめながら、安定した高い収益性を維持しています。

扶桑化学工業（4368）

半導体の微細化や多層化に貢献しているのが同社のCMPスラリー(化学機械研磨に使用される研磨剤）原料の高純度コロイダルシリカ（商標はQuartron）です。長期需要の見通しは堅調です。同社の強みはシリカ粒の大きさと形状を制御できることです。京都と鹿島が拠点で生産能力は大幅に向上しています。設備投資の負担も相応に重いため、圧倒的な市場占有率を背景にして、製品価格の値上げ交渉にもしっかりと取り組んでいけるのではないかと期待しています。

ロート製薬（4527）

同社が掲げる「グループ総合経営ビジョン2030」では、スキンケアとOTC医薬品を中心として事業を成長させながら、医療用眼科領域や、再生医療における新規の成長投資も行う方針です。同社はもともと眼科領域のOTC医薬品で国内や東南アジアで高いシェアを有していますが、肌ラボやメラノCCシリーズといったコストパフォーマンスに優れたスキンケア製品も成長を牽引しています。足元では、世界各国で節約志向が強まる中、同社の商品に対する需要が高まっており、じわじわとシェアを獲得することができています。

ツムラ（4540）

国内における医療用の漢方薬で8割ものシェアを獲得しており、長期的な業績の見通しも良好です。その多くが植物を由来とする漢方薬は西洋薬と比べて薬価が格段に安く、増大する医療費の抑制という国策もあって、その存在が見直されているからです。同社が国内で展開している127の漢方処方薬を手掛ける医師の数は着実に増えています。安価とはいえ効能が経験則に基づく知識であったところが、科学的な実証研究によって明らかになってきたためです。同社は資本効率の改善にも取り組んでおり、財務面の改善も進展しています。

ジャストシステム（4686）

かつてはワープロソフトとグラフィックが主力製品でしたが、現在は日本語変換システム「ATOK」や法人業務システムの開発・販売に加えて、通信教育「スマイルゼミ」が中核となっています。2025年4月から小中学生向け「スマイルゼミ」に搭載の「Coachez（コーチーズ）」は、専用タブレットとの対話を通じて学習理解を論理的かつ段階的に進めていくという新機能です。実際に子どもが同機能を用いて学習する様子を見学したところ、問題を解くのにつまずくたびに「その子がどこまで理解しているのか」を見極める問いかけがAIによって自然に繰り返され、まるで生身の先生が脇に立って指導しているかのようでした。

荏原製作所（6361）

ポンプを筆頭に冷熱機械や送風機、コンプレッサ・タービン、都市ごみ焼却プラント、産業廃棄物焼却プラントなどを幅広く手掛けており、今後における成長ドライバーの1つが精密電子事業であると当社の運用チームは捉えています。その主力製品は排気システムと真空ポンプ、CMP（化学的機械研磨）装置です。環境分野で培ったそれらのクリーン技術は、半導体工場における排気システムにも活用されています。ドライ真空ポンプは主に半導体製造装置に使われるものです。ポンプと排気システムを制御するシステム提案を行えるのも、どちらの分野にも長けている同社の強みです。また、CMP装置は半導体ウエハを積層していくという今後の技術トレンドの恩恵を受けています。

ダイキン工業（6367）

2022年３月期から26年３月期までの戦略経営計画「FUSION25」を推進しています。23年に策定した「FUSION25」後半３カ年計画では、「最寄化戦略」や「組織の実行力」など同社の強みを活かして獲得した前半の成果や急激に変化する外部環境を踏まえて、「カーボンニュートラルへの挑戦」、「顧客とつながるソリューション事業の推進」、「空気価値の創造」など、既存の９テーマに「インドの一大拠点化」、「化学／高機能材料・環境材料のリーディングカンパニーへの挑戦」の２テーマを加え、さらに投資を加速させていく方針です。

日立製作所（6501）

いわずと知れた総合電機・重電業界における最大手です。国内におけるIT分野の構図が変化し、2025年にはコボルと呼ばれる古いプログラミング言語を扱える技術者が大量に退職するという局面が待ち受けています。コボルを用いなければ既存システムをクラウドに移植できないという大企業顧客も多く、受注の折に同社を単独指名する比率が上昇しています。また、世界的な電力不足に応じて、同社が高いシェアを誇る超高圧の直流送電を活用したパワーグリッド（送配電網）事業の受注も旺盛です。

ジャパンエレベーターサービスホールディングス（6544）

「中期経営計画：VISION2027」を掲げ、2027年３月期までに、連結売上高600億円、営業利益率20%をはじめとする数値目標を掲げています。保守・保全業務に関する国内マーケットシェアを（オーガニックと友好的M&Aで）現在の９%程度から13%に拡大させることを目指します。さらに、東西両パーツセンターの活躍により、保守・保全業務で培った信頼を基礎として旺盛なリニューアル需要を取り込んでいきます。人材育成、デジタル活用による事業生産性・業務効率性の改善による収益性の向上を図っていきます。

オムロン（6645）

センサ技術に強みを有し、制御機器や電子部品、鉄道システムなどの広範にわたる事業を展開していますが、私たちが期待を寄せているクオリティ・グロースのビジネスは、血圧計を中心とするヘルスケア事業です。かつては医療機関で計測するのが常識でしたが、同社がパイオニアとなって何十年にもわたって業界を牽引し、次第に家庭における測定文化の普及が進んできました。世界的にも50%を占めるシェアを獲得している同社の血圧計は、家庭における日々の健康モニタリングだけにとどまらず、将来のための臨床研究にも大いに活かされており、同社名が入った医学研究の論文の数も急増しています。

シスメックス（6869）

神戸市に本社を置く世界的な臨床検査装置メーカーです。特に血球計数検査装置で50%以上の世界シェアを誇り、強固な参入障壁を築いています。同社の製品は、歴史的に検査数の最大化と、臨床検査現場の省人化に貢献できるよう進化してきました。医療費の増大に伴い、臨床検査の現場ではより効率的な事業運営が求められるようになるため、同社の製品・サービスに対する需要は構造的に伸びていくだろうと考えています。

イリソ電子工業（6908）

車載用をはじめ、様々なデジタルデバイスを接続するコネクタを、個々の顧客からの要望に応えるカスタムメイドを中心に供給しています。足元で自動車業界は低迷しており、同社にとっては特にEV(電気自動車)市場の不振が逆風となっています。とはいえ、自動運転は実用化に向けて前進しているのも確かです。自動運転においては、多数の車載用の電子制御ユニット（ECU）が必要になります。自動運転では高い演算スピードが要求されるため、ECUを統合する技術トレンドが本格化します。こうしたことから、同社のコネクタは基板同士や基板と電線をつなぐ用途で拡大することが見込まれます。

日本電子（6951）

透過型電子顕微鏡（TEM）において世界トップの実績を誇る企業で、半導体製造装置や分析機器・医療機器も展開しています。TEMは半導体製造の検査工程やタンパク質の同定などにも使われるため、ライフサイエンスや製薬の分野にも普及が広がっています。産業機器セグメントでは、マルチビーム方式のフォトマスク描画装置向け電子ビームユニットの売上が高位で安定的に推移しています。競争力の高い集束イオンビーム（FIB）装置を開発し、製品化に成功したことも要注目です。同装置は試料を観察しながら高速かつ精密に加工でき、自動加工によるTEM試料の作成や三次元解析が可能になります。

ローム (6963)

車載用や産業機器向けのパワー・アナログ半導体を得意とするメーカーで、クオリティ・グロースと位置づけられる2つのビジネスを展開しています。その1つはSiC（炭化ケイ素）と呼ばれる次世代の半導体素子にまつわる事業で、SiCプラグインハイブリッド車や電気自動車の普及とともに需要の急拡大が約束されています。もう1つはLSI（大規模集積回路）事業において、同社が「戦略10商品」に掲げている商品群です。その代表格が世界シェア首位の磁気式絶縁ゲートドライバーICで、他の戦略商品の売上も毎年着実に拡大傾向を示しています。

浜松ホトニクス (6965)

環境測定や放射線計測、血液検査、半導体ウエハ欠陥検査、宇宙線観測などの多彩な方面で用いられる光電子増倍管という装置で世界シェアの8割を獲得している企業です。買収したデンマーク拠点のNKTフォトニクス社が革新的なレーザー技術を有しており、これまで浜松ホトニクスは受光側の高感度センサーを強みにしてきましたが、今後は発光側でも存在感を示す企業に変貌していくと予想しています。グループのレーザー関連売上は足元で年間200億円程度ですが、量子コンピューター分野やドローン攻撃を無力化する用途などへの引き合いが強いことから、今後数年で倍増することが期待されます。

村田製作所 (6981)

情報機器に使用される積層セラミックコンデンサ（MLCC）と呼ばれる電子部品で世界トップのシェアを握っており、もっぱら海外市場で稼いでいる企業です。MLCCとインダクタ（コイル）を中心としたコンポーネント部門が同社のクオリティ・グロース事業を牽引しています。特に高い安全性や信頼性が求められる自動車向けのMLCCでは、他を圧倒する実績を上げています。自動運転では大量の画像認識を高速で処理するため、通常の数倍に及ぶMLCCが使用されます。しかも、車載用のMLCCやインダクタは単価も高いため、長期的に収益の拡大が続いていく確度が高いといえます。

島津製作所（7701）

X線診断装置や半導体製造装置に搭載するポンプ、防衛省向け航空機器などを製造しており、足元では中国市場の回復が追い風となることが注目されがちですが、中長期的には米国における医薬品市場の開拓が成長ドライバーになってくると考えています。製薬企業の案件を獲得するためには、顧客の抱える分析ニーズに沿った分析装置とアプリケーションを提供できるかが重要です。2024年5月に開所した北米のR&D（研究開発）センターでは続々と製薬企業との共同研究プログラムを獲得しており、米国市場での成長を見据えた基盤固めが着々と進んでいます。

朝日インテック（7747）

同社の中期経営計画「ASAHIGoingBeyond1000」は、2022年から26年までの５年間を対象とし、医療機器分野を中心に着実な成長を目指しています。同社は、カテーテル手術で使うガイドワイヤーで世界的に高いシェアを誇りますが、現中計では特に北米の市場開拓に力を入れています。コロナ禍で営業活動に支障が出たため、一時は伸び悩みましたが、24年６月期は１年で数ポイントシェアを伸ばすことに成功しています。より長期的には治療が難しいとされる血管の石灰化病変の治療のための新商品を開発しており、長い目線での成長が期待できます。

三井不動産（8801）

2強総合不動産の一角で、国内のオフィス事業では日本橋や八重洲をはじめとする都心一等地の再開発プロジェクトが進展しており、高い付加価値の提供によって回復基調にあるオフィス需要を的確に取り込んでいます。商業施設事業では「ららぽーと」や「三井アウトレットパーク」などが高い集客力を発揮しており、コロナ禍を抜けた消費回復の追い風も受けて好調に推移しています。海外事業ではニューヨークのハドソンヤードをはじめとするプロジェクトが順調に推移し、グローバルにも存在感を高めています。

ご留意事項

・本書のグラフ・数値等は、過去の実績・状況であり、将来の市場環境や運用成果等を示唆・保証するものではありません。

・本書の中で記載されている内容・数値・図表等は特に記載のない限り、作成時のものであり、今後変更されることがあります。

・本書は情報提供のみを目的として作成されたものであり、特定の取引・商品の勧誘を目的にしたものではありません。また、信頼できると判断した情報等に基づき作成しておりますが、その正確性・完全性を保証するものではありません。

・投資信託は値動きのある有価証券等に投資しますので基準価額は変動します。その結果、購入時の価額を下回ることもあります。また、投資信託は銘柄ごとに設定された信託報酬等の費用がかかります。各投資信託のリスク・費用についてはその投資信託の運用会社や販売会社等に直接お問い合わせください。

・本語は、売買の推奨、および投資助言を意図したものではありません。また、本書に掲げた情報を利用されたことによって生じたいかなる損害につきましても、著者および出版社はその責任を負いかねます。投資対象および商品の選択など、投資に関わる最終決定は、くれぐれもご自身の判断で行っていただきますよう、お願い申し上げます。

・本書に記載の内容は、著者個人の見解であり、所属する組織の見解ではありません。

・積み立てによる購入は将来における収益の保証や、基準価額下落時における損失を防止するものではありません。また、値動きによっては、積み立てよりも一括による購入の方が結果的に有利になる場合もあります。

本書で紹介している銘柄や情報は特に注記がない限り、2025年2月現在のものです。本書は投資に関する情報提供を目的としたものです。投資にあたってのあらゆる意思決定、最終判断、実際の売買はご自身の責任において行われますようお願いいたします。投資による損失については株式会社宝島社、著者、なかのアセットマネジメント、制作スタッフ等は一切責任を負いません。また本書の内容については正確を期すよう万全の努力を払っていますが、2025年2月以降の相場状況、経済情勢に変化が生じた場合はご了承ください。

制作スタッフ

まんが・表紙イラスト ● 上田惣子
作画構成 ● すずき銀座（えんつなぎ工房）
製作協力 ● 栗原 優（えんつなぎ工房）

編集 ● 宮下雅子（宝島社）
● 神崎宏則（山神制作研究所）

執筆協力 ● 大西洋平
表紙デザイン ● 後藤 司（Tabloid.）
本文デザイン・DTP ● 遠藤嘉浩、遠藤明美（遠藤デザイン）

Profile

〔著者〕

中野晴啓（なかの・はるひろ）

1963年、東京都生まれ。なかのアセットマネジメント株式会社代表取締役社長。1987年、明治大学商学部卒業。セゾングループの金融子会社にて債券ポートフォリオを中心に資金運用業務に従事した後、投資顧問事業を立ち上げ運用責任者としてグループ資金の運用のほか、外国籍投資信託をはじめとした海外契約資産などの運用アドバイスを手がける。2006年、セゾン投信を設立し、2007年4月に代表取締役社長、2020年6月に代表取締役会長CEOに就任。2023年6月に退任後、同年9月、なかのアセットマネジメント設立。全国各地で講演やセミナーを行い、社会を元気にする活動とともに、積み立てによる資産形成を広く説き「つみたて王子」と呼ばれる。公益財団法人セゾン文化財団理事、公益社団法人経済同友会幹事、投資信託協会副会長、金融審議会市場ワーキング・グループ委員などを歴任。著書は『誠実な投資　お金から自由になれる「長期投資」の鉄則』（徳間書店）、『普通の会社員が一生安心して過ごすためのお金の増やし方』（SBクリエイティブ）、『はじめての人が投資信託で成功するたった1つの方法』（アスコム）、『長期投資のワナ』（宝島社）、『預金バカ　賢い人は銀行預金をやめている』（講談社+α新書）など多数。

ほったらかし投資はやめなさい

2025年3月28日　第1刷発行

著者　中野晴啓
発行人　関川 誠
発行所　株式会社 宝島社

〒102-8388 東京都千代田区一番町25番地
電話：営業 03-3234-4621／編集 03-3239-0646
https://tkj.jp

印刷・製本　中央精版印刷株式会社

Printed in Japan
ISBN978-4-299-06518-6